ザ・キルスコア

資本主義と サステナビリティーの ジレンマ

ヤコブ・トーメ＝著
Jakob Thomä

鈴木素子＝訳
Motoko Suzuki

Der KILL SCORE

Auf den Spuren unseres ökologischen und sozialen Fußabdrucks

Der KILL SCORE

Auf den Spuren unseres ökologischen und sozialen Fußabdrucks

Jakob Thomä

殺人には二通りの方法がある。ひとつは『殺す』という動詞で言い表される方法、もうひとつは婉曲的に『死に追いやる』と表現される方法だ。後者は、おびただしい数の目に見えない共犯者によって、ゆっくりと密かに行われる。それはコロサ（懺悔の帽子）も炎もないアウトダフェ（火刑）であり、裁判官も評決もない異端審問による殺人だ

エウヘーニオ・ドールス
『ゴヤの生涯』（１９２８年）より

きみは思うのか。私たちの存在が時間に支配されていると。そのとおりだ。だが、時代をつくるのは私たちの行為なのだ

バイロン
『マンフレッド』（１８１７年）より

ザ・キルスコア

目次

パート1

予備知識

パート

2

犯行現場

パート 3 裁判

※本文中の［　］は訳注を、文章脇の数字は巻末に原注があることを示す。

ザ・キルスコア

資本主義と
サステナビリティーのジレンマ

著者注記

ジェンダー

本書には多くの役者が登場するが、彼らをうまくジェンダー中立的に言い表すことは難しい。私は本書を犯罪小説風に書きたかったのだが、全員を男性とするのもいかがなものかと思うし、登場人物にいちいち注をつけたり「男性および女性の読者諸君」としたりするのは読者にとっても煩わしく、話の流れを妨げることにもなるだろう。そこで本書では、サイコロを投げて性別を決めるという、いっぷう変わった方式を採用した。店員も政治学者も、消費者も組立ラインの作業員も、出たサイコロの目によって、あるときは男性に、あるときは女性に設定した。

参考文献

重要な数値、データ、引用の出典はすべて本文中に記載した。しかし話の流れを遮らないよう、参考文献のすべてを記載することはせず、巻末の参考文献リストにまとめた。出典探しは面倒になるかもしれないが、文献番号を逐一付すことはあえて避け、話の流れを追いやすくした。

計算とデータ

タイトルの「キルスコア」に本書のすべてが集約されている。本書では、数値への言及や測定が頻繁に行われる。調査・研究の過程では、同じ疑問に対してさまざまな答えが浮上することは避けられない。本書では多様な意見を考慮に入れるよう努めたが、反対意見のひとつひとつを詳述はしなかった。それをすると全体の枠組みが崩れるからだ。そこで、意見に特に大きな隔たりがある場合にのみ、詳述したり注釈を加えたりした。また、各数値のいわゆる信頼区間（全体調査をしないときに標本から推定できる、母集団での真の値が含まれるであろう範囲）には言及しなかった。関心のある読者は一次情報を参照してほしい。

「ツリーハガー」と「ビーンカウンター」

ツリーハガー（木を抱く人）――これは環境保護活動家を（ときに揶揄《やゆ》するニュアンスをこめて）指す呼称で、サステナビリティー（持続可能性）について考えるときにほとんどの人が思い浮かべる言葉だ。人々の心の奥には、環境保護活動家のステレオタイプがこびりついているのだ。「ツリーハガー」という言葉は、いまやケンブリッジ辞書にも収録されて基本語彙となっている。環境保護の活動家の中には、積極的にツリーハガーを自称する者もいれば、そう呼ばれるのを嫌う者もいる。２００６年に環境雑誌『グリスト』に掲載されたある記事は、ツリーハガーと呼ばれたときの切り返し方まで指南している。相手がＳＵＶ好きなら「ＳＵＶハガー」、石油問題に無関心な人なら「オイルハガー」とでも言い返せばいい、というのだ。インパクトの強さでは、どちらもツリーハガーにかないそうにないが。

ツリーハガー呼ばわりされるのを嫌がる人がいるとはいえ、一般の人たちは多くの場合、環境保護の活動家はツリーハガーだという前提を受け入れている。誰もが心の中では、サステナビリティーなど甘い考えで、そんなものを大事にするのは、経済や社会生活の厳しい現実を否定する人、人間よりもパンダを大切にする夢想家、木々の生命は気にかけるがその果実を楽しむ人間には目もくれない環境保護主義者だと思っている。つまり、合理的な人や実務的な人はサステナビリティーには向かないというわけだ。

この見方はどんな政治的立場の人にも共通している。右派の多くは環境保護主義者のことを、自由市場がもたらす恩恵も、自由市場がいかに国民の生活を最適化しているかも理解できない政治学者くずれだと考えている。対する左派の一部にも、同じように環境保護活動家を軽蔑する人がいる。環境保護活動家はアボカドスムージーを飲んで美術を専攻するような中流階級の人間で、環境危機を大げさに演出し、労働組合員や炭鉱労働者、そして階級闘争を裏切り、見捨てているというのだ。

サステナビリティーの専門家たちは、気候変動によって目前に迫りつつある破局《カタストロフィー》に関して、一般市民の意識を多少なりとも高めたかもしれない。だが、環境保護運動のキャッチフレーズは依然として「地球を救え」だ。救うべきは人間でなく地球であり、木々だと言っているわけだ。まさしくツリーハガーではないか。この言葉を軽蔑のニュアンス抜きで読めるものなら、読んでみてほしい。

ここまでが、私たちがよく知っているサステナビリティーの世界の一面だ。だが、もうひとつの面がある。ツリーハガーをサステナビリティーの陽の面とすれば、陰の面が存在するのだ。私はこれまで10年にわたってサステナビリティー関連の仕事をしてきたが、まわりにいるツリーハガーの数はさほど多くない。最も頻繁に顔を合わせるのは、ツリーハガーとは人種の異なる「ビーンカウンター（豆を数える人）」、つまり計算おたくだ。自然界における会計士とでも言おうか。映画『マトリックス』のネオにも似た見方で世界を見るビーンカウンターにとって、すべては環境保護に関連していて、すべては数字に還元できる。ビーンカウンターの目を通すと、生きた現実が抽象モデルへと変換される。ちょうど、プラトンの目に映った物体が世界の影であって、世界そのものではなかったように。

たとえば、私たちを取り巻く自然や生命の息を呑《の》むような美しさ、力強さを前にしたとき、ビーンカウンターはどうするだろうか。それらを経済価値や達成目標や業績評価指標に変換するのだ。場合によっては、この世界に存在し人々に感銘を与えるような事象を個々に数値化しておしまい、というつまらない結果になる。

ツリーハガーとビーンカウンターは、私たちがサステナビリティーを語るふたつのパターンの縮図だ。どちらも極端で、一方は自然界に、もう一方は数字の世界に生きている。

そしてどちらも、一般の人たちの心をつかむこともできなければ、その心を惹《ひ》きつけることも完全にはできていない。

正直なところ、木々を愛するツリーハガーは、要職にある人たちにはまともに相手にされていない。それどころか、一般の人たちからも真剣に取り合ってもらえないことが多い。一方、哲学者ヴァルター・ベンヤミンの言う「抽象という氷の砂漠」に生息しているビーンカウンターのほうは、気候変動の影響を前に途方に暮れている世間の人々のことなどそっちのけで、一般人には耳慣れない規格、個別の業績評価指標、エネルギー効率基準の微妙なレベルをめぐっていがみ合っている。

ぼんやりしたサステナビリティー

私はビーンカウンターだ。動植物を炭素排出量や気候適合ベンチマーク、リスク評価指標に置き換えることを仕事にしている。あるときはサステナビリティーの経済性を論証し、それがうまくいかない場合には数字を使って道徳的価値を論じ、行動を促す。ツリーハガーが森や木々を住処《すみか》にしているなら、ビーンカウンターは政治や金融の中心地の、明るすぎる――あるいは暗すぎる――会議室や作業室で日々を送っている。

本書の着想を得たのも、フランクフルトの寒い1月の午後の、そんな一室でのことだった。私はヨーロッパの金融市場を席巻《せっけん》していた金融イノベーション、いわゆる「グリーンボンド（環境債）」に関するパネルディスカッションに招かれていた。グリーンボンドとは、環境保護への取り組みをアピールし、（少なくとも理論上は）グリーンプロジェクトの資金を調達するための債券で、企業や政府や金融機関によってどんどん発行されていた。グリーンボンドに関するニュースは主要な金融紙や大手新聞の一面を飾り、私がディスカッションに招かれる数カ月前には、ドイツの二大銀行のひとつであるコメルツ銀行が初めてグリーンボンドを発行していた。政策担当者もこの流れに乗り、政府のグリーンボンドを発行するとともに、その発行基準の策定にも取り組みはじめていた。

パネリストの議論はすぐに白熱した。原子力発電はグリーンプロジェクトに数えられるのか？[1] 空港が電気自動車事業のために発行したグリーンボンドの払い戻しを、着陸料収入で賄うことは許されるか？ 報告書は年に一度の提出が必要か？ また第三者による検証を義務づけるべきか？ 意見交換のために集まった少人数のビーンカウンターにとっては、どれも興味のつきない話題だった。だが、会議を終えてホテルの無個性な部屋に戻る途中、私は思わずマフラーをしっかりと首に巻きつけた。1月の冷気のせいばかりではない。ベンヤミンの言う「抽象という氷の砂漠」を歩いたからだ。私は自問した。いったいこんな話を、誰が理解できるっていうんだ？

数カ月後、その答えを知る機会がめぐってきた。当時、私たちは個人投資家向けにサステナビリティー関連の投資プラットフォーム「マイ・フェア・マネー(MyFairMoney.com)」の構築を始めたばかりで、その一環として、ターゲットユーザーがサステナビリティーと金融に関してどう考えているかを把握するアンケート調査を行ったのだ。土壇場になって、私はそのアンケートに、比較的簡単な次のような質問を紛れ込ませた。「グリーンボンドとは何だと思いますか？」

もしあなたが金融のプロでもサステナビリティーと金融に関する熱心な研究者でもなく、すでにこの質問の答えを知っているのでないなら、この質問を自分に投げかけてみてほしい。グリーンボンドとは、そもそも何なのだろう。

まず、グリーンボンドが少なくとも「こういうものではない」ということから説明しよう。グリーンボンドを発行するには、グリーン企業である必要はない。将来グリーン企業になると約束する必要もないし、明日のグリーン度を今日のそれより向上させる必要もない。あなたの会社のカーボンフットプリント［商品やサービスのライフサイクル全体を通して排出されるすべての温室効果ガスの排出量をCO2に換算したもの］が1万パーセント増えたとしても、グリーンボンドの発行は可能だ。グリーンボンドの発行に必要なのは、額面金額に相当する環境保護活動に取り組むという申告だけなのだから。

もちろん、このような仕組みになっているのには理由がある。結局のところ、グリーンボンドがカバーするのは事業のごく一部だ。発行者は、グリーンボンドによる資金が使われるその一部分のみをグリーンと呼んでいるにすぎない（原発事業がグリーンかどうかはさておき）。もしこの仕組みが広く知られているなら、問題はないはずだった。

だが、問題はあった。アンケートに回答してくれた2000人のうち、9割もの人がグリーンボンドを誤解していたのだ。その人たちは、「組織はグリーン度を向上させなくてもグリーンボンドを発行できる」という考え方に納得していなかった。もちろん、誤解している人もそれなりにいるだろうと予想はしていたが、これほどまでとは思わなかった。まさか9割とは！　つまり私は、「誰もこの話を理解していないし、理解したらしたで、納得してはくれない」というシンプルな事実を一般の人々に伝えないままにパネルディスカッションに参加して、グリーンボンドの発行者にどんな報告義務を課すべきかを話し合っていたのだ。

サステナビリティーと持続可能な生活にまつわるこれまでのPRは、大失敗だった。これほどまでに重大で劇的な失敗はほかには見当たらない。そう言い切れるのは、私がPRのプロだからではない。これまで10年以上にわたり、最前線でサステナビリティーについて話してきた人間だからだ。悲しいことに、私も多くの場合、一般の人には理解できない言葉で話をしてきた。私自身が問題の一部だったのだ。

ビーンカウンターとしての私が示すデータは、相手に理解してもらえていなかった。理由はデータの複雑さだけではない。そもそもデータというものが抽象的で、感情に訴えることがなく、実生活とかけ離れたものだからだ。これまで私は、パネルディスカッションやフォーラムや技術作業部会に参加してはサステナビリティーの基準を検討し、部会以外の人間が誰ひとり理解していない細部について議論を闘わせてきた。ローマが燃えるのを見ながらバイオリンを弾いていたようなものだ。

数字に埋もれてゆく真実

真実は人気投票によって定められるものではない。より持続可能な世界を追求するための正しい方法を、ポピュリズムによって決めるべきではない。あなたはこう思うかもしれない。専門家がいちばんよくわかっているのだから、自分たち一般市民が専門家の意見を理解する必要なんかない、と。だが私に言わせれば、理解する必要はある。専門家の警告には耳を傾け、内容を理解して、それが世界についての重大な真実だとわかったら従うべきだ。そして現代社会では、好むと好まざるとにかかわらず、そのためにはしっかりとしたPRが必要なのだ。

ビル・ゲイツは「2ドルしか資産がなかったら、そのうち1ドルをPRに使う」と言ったという。これを金言と言えるのかどうかわからないが、私も同感だ。現在、気候変動研究ほどPRの問題が深刻な分野はないだろう。まず、気候変動という言葉と向き合うことから始めよう。あなたはこの言葉を聞いただけで背筋が凍るだろうか。気候変動が今後も続くという予測に恐怖を感じるだろうか。私たちの多くは、気候とは要するに天気のことであり（実際は違う）、天気なんて毎日のように変化するじゃないかと思っている。気温が2℃上昇すると聞いたら、あなたは怖さを感じるだろうか。いま、自分がいる場所の気温を言い当てようとしても、おそらくは1℃～2℃かそれ以上、間違えてしまうというのに？

温室効果ガスについても考えてみよう。話は明快だ。温室効果ガスは気候変動を引き起こす。では、私は食事を通して年間1500キログラムの二酸化炭素を排出していると言ったら、あなたは上出来だとほめてくれるだろうか。それとも叱るだろうか。年間の炭素排出量として、1500キログラムは多いのだろうか、少ないのだろうか。おそらく、ほとんどの読者は答えられないだろう。そして恥ずかしいことだが、サステナビリティーの専門家の多くも答えられないのが実情だ（種を明かすと、年間1500キログラムはアメリカ人平均の約2分の1だ)。さらに、年間1500キログラムの二酸化炭素は気候変動にどれだけ影響し、どれだけの氷を溶かすのだろうか。これでわかるように、数字はもはや、意味をなさなくなってしまった。

数字に意味がなくなるこの問題は、気候変動に関連する分野でとくに顕著に見られるが、他の分野でもめずらしくはない。たとえば、労働者の安全に関する休業災害度数率［実労働時間と、労働災害による従業員の休業を伴う死傷者数との比率。休業災害の頻度を表す指標］というものがあるが、これは全災害度数率［休業を伴わないケースを含めた災害発生の頻度を表す指標］とは異なるものだ。だがそう言われても、まったく意味がわからないのではないだろうか。気候変動に関する指標以上に複雑怪奇だ。しかも考えてみれば、休業災害度数率で測定できるのは会社の損害だけであり、従業員のそれではない。この指標でわかるのは、従業員が仕事を離れた時間の長さだけだ。

だが、非難ばかりするのは公平ではない。希望の光もある。現に私たちは、イメージをめぐる問題に気づきはじめている。イギリスを代表する『ガーディアン』紙などのメディアは「気候変動」を「気候危機」と言い換えるようになった。そのほうがインパクトが大きいからだ。また、誰もが知る世界自然保護基金（ＷＷＦ）のシンボル動物ジャイアントパンダは、(これはＷＷＦの内輪の話だが) ユニセフの広告写真になっている栄養失調の子どもたちに劣らない額の寄付を、空港でコンスタントに集めている。だが、こうしたケースはめったにない。サステナビリティーの専門家がサステナビリティーについて語ってこなかったというひどい失敗は、もはや隠しようがないのだ。

2007年、アメリカ人環境保護活動家ビル・マッキベンが、バーモント州ミドルベリー大学の学生たちとともに「350.org」という名の団体を設立した。この団体名は、NASAの気候科学者であるジェームズ・ハンセンが大気中の二酸化炭素濃度の安全限界値だと主張した「350ppm」という数値に由来している。覚えやすくてインパクトのある団体名だ（ちなみに、大気中の二酸化炭素濃度はとうの昔に400ppmを超えている）。

ビル・マッキベンの名誉のために言うと、350.orgは信じられないほどの成功を収めている。そして彼自身、優れたマーケッターでありコミュニケーターだ。だが、組織の名称はいただけない。350ppmと聞いて、その切羽詰まったニュアンスを理解できる人が、はたしてどれだけいるだろうか。にもかかわらず、最大規模の環境保護運動のスローガンにされ、化石燃料からの脱却を求める世界的キャンペーンの原動力になっている。この例は、持続可能性に関する議論の大部分が一般人には理解できない世界で行われていることを示唆している。

環境分野の会計士や活動家がPR上の問題を抱えているというのは、とくに大きな発見ではない。だが、この問題の本質を見極めるのは少々難しい。私たちビーンカウンターはこれまで、真実を暴いているつもりで、まったく逆のことをしてきたのではないだろうか。大量のデータや分析、果てしない注釈、補足説明、曖昧なニュアンス、さまざまな条件分岐、潜在的な可能性、そして私たちが馴染んでいる素朴な定義や概念に比べると小賢《こざか》しすぎる大量の文書の中に、真実を埋もれさせてきたのだ。

私が初めて設計したサステナビリティー・モデルのことを思い出すと、ぞっとする。それは金融ポートフォリオと気候変動との関係を測定するためのモデルだった。初回のテストの際、投資家たちの前に出力されたデータの文字列は何万行にも及んだ。そんな詳細なデータをいったい誰が読み、理解できるというのだろう。いま思えば正気の沙汰ではない。だが悲しいことに、当時の私は鼻高々だった。まさに徹底したビーンカウンターだったのだ。[2]もちろん、そうした細かい正確な数値を出さざるを得ないのは、世界そのものが複雑だからだ。私たちが生きるこの世界は、そう簡単に単純化できるものではない。とはいえ現実的には、ただ数値化してもPRにはならない。

「キルスコア」のアイデア

私が仕事に対して感じていた危機感が払拭されたのは、フランクフルトでのパネルディスカッションで凍えたあの日から、ちょうど1年がたったときだった。同業の友人がグラーツにある系統的音楽学センターの所長、リチャード・パーンカットの論文を読み、私にもぜひ読むよう勧めてくれたのだ。音楽家の論文からサステナビリティーのPRに関する洞察が得られるとは思えなかったが、私はとにかく読んでみた。論文の半分は科学的事実、半分は考察で構成されていた。学術界ではあまり耳にしない「半定量的」という言葉がタイトルに使われており、それが異例の論文だったことはパーンカット本人も認めるだろう。内容は、人間を1人死に追いやるのにどれだけの温室効果ガスが必要か、というものだった。言い換えれば、「温室効果ガスを増やすことで、私たちはどれだけの数の人を死なせているか」を明らかにしようとする論文で、2019年に心理学の専門誌に掲載されたものだという。音楽学者が心理学雑誌に気候変動の致命的な影響について書いたと聞けば、ふつうの人なら首を傾《かし》げるだろう[3]。

だが、論文は的を射ていた。もし、死者を出す温室効果ガスの最小値（閾値《いきち》）を算定できれば、それが死に追いやる人の数——キルスコア——の出発点となるはずだ。ビーンカウンターとしての私の頭脳が働きだした。キルスコアをサステナビリティーの指標にすれば、何万行、何万ページにわたる説明も、見栄えのいいパンダや木々の写真も、不要になる。キルスコアは目を引くだけでなく、人の心を動かすだろう。私はこのアイデアに夢中になった。

問題は、パーンカットがストーリーを完成させていなかったことだ。彼の思考実験は、未来のいつかある日に、今日排出される温室効果ガスの量に応じて人間が1人死ぬ、というアイデアには行き着いていた。だが、曖昧な点も多かった。犠牲になるのは誰なのか。排出量を算出する際、なぜ消費者である私たちの排出量だけを問題にしたのか。私たちの消費を可能にした企業や、企業の事業拡大のために資金を提供した投資家や銀行はどこにいったのか。実際に責任を負っているのは誰で、「犯行現場」には誰が居合わせたのか。さらに言えば、「殺人犯」は気候変動だけではなく、ほかにも複数いるのではないか。

そこで私は「捜査」を開始したのだが、調べれば調べるほどに多くの「被害者」が見つかった。気候変動を原因とする熱波により熱中症で死亡した日本の6歳児。ソーシャルメディアによって自殺に追い込まれたイギリスの少女、モリー・ラッセル。ロンドンのシティで3日間、不眠不休で仕事に打ち込んだ末に亡くなったモーリッツ・エアハルト。ガーナの首都アクラでプラスチックと電子ごみの煙に巻かれて死んだ青年。ギャングの抗争の犠牲となり、メキシコで殺された19人。私の捜査は、どこか奇妙な自己発見の旅となった。それまでの私は、世界のサステナビリティーを向上させることにキャリアを捧《ささ》げつつも、気候変動について語るときは人や物語ではなく数字で語るのが常だった。木々や野生動物、サンゴ礁に関する論文は読んでいたし、もちろん統計上の死者数も知っていた。だが、そのどこに人間がいただろうか。

もちろん、サステナビリティーは人間だけの問題ではないし、パンダだけの問題でもない。人間の営みの結果進んでいる生態系の破壊の恐ろしさは想像を絶するほどだ。プラスチックごみが原因で死んでいる生き物の数は、毎年何百万にものぼると推定されている。[4] その恐怖に見合った配慮ができないのは、私たちが破壊の規模を理解できていないせいだ。宇宙の果ての、その先にあるものを考えられないのと同じように、生態系の破壊は人間の理解を超えた規模で起きている。加えて、大半の人が自分たちのことしか考えていないことも大きな理由だ。サステナビリティーの専門家も、環境破壊が人間社会にどれほどの悪影響を及ぼすかを正確に説明できずにいる。海面上昇もハリケーンも熱波も、問題なのは誰もが知っている。だが、それらが誰に、どの程度の影響を及ぼすのかはきちんと把握できていない。問題は、サステナビリティーの重要性についての言及がまだまだ足りないことなのだ。

そこで登場するのが「死」だ。『ハリー・ポッター』のアルバス・ダンブルドアに言わせれば、きちんと整理された心をもつ者にとっての「次の大いなる冒険」ということになる。サステナビリティーにまつわる問題は、多くの人を死に追いやっている。サステナビリティーのＰＲにおける大失敗とは、私たち専門家が単純な事実をきちんと伝えてこなかったことだ――持続不可能な消費、生産、投資を選択することで私たちが人を死なせているという事実、そして、その影響の大きさを測定してスコアをつけられるという事実を。

その結果、企業は、自分たちが年間何人の人間を死に追いやっているかを開示する代わりに、温室効果ガスの排出量、全災害度数率、休業災害度数率、気温スコア［企業が温室効果ガスの排出を通し、地球温暖化をどの程度助長しているかを数値化したもの］、慈善事業として建設した学校の数といったことばかり開示している。投資家は、自分たちがもたらした悪影響について話す代わりに、グリーンボンドに投資したことを自慢している。そして消費者は、自らのキルスコアを算出する代わりに、オンラインのカーボンフットプリント計算機を使っている。

この本のミッション

私が本書を書いたのは、こうした現状を是正するためだ。持続可能な生活の中心課題となる４つの分野（環境分野２つと社会分野２つ）について、これからキルスコアを検証する。さらには、暴力・戦争・紛争という第５の犯行現場にも捜査の手を伸ばしていく。最初の４つとは少し関係が薄いこの現場が、キルスコアの物語でどんな役割を果たすことになるのかは追って説明しよう。

本書では、まず気候危機から廃棄物へ、さらには危険な労働環境から匿名消費へと旅していく。そこから、私たちの選択が今後幾世代にもわたって及ぼす影響が見えてくるだろう。さあ、旅に出よう。私のキルスコアを、あなたのキルスコアを知る旅に。私たちが、企業が、金融機関が引き起こす恐れのある死について知る旅に。

本書はある意味、私の旅の終わりを告げるものでもある。私はこれまで、サステナビリティーの専門家として、フットプリントの開示方法を考える何百もの金融機関に手を貸してきた。私が考案した評価基準のいくつかは光沢紙に印刷された立派なサステナビリティー・レポートに掲載され、法律や規制の文中でも言及されている。しかし、どうしても考えてしまうのだ。金融機関や政府を、誤った道に進ませてしまったのではないか、と。私はこれでもかというほど精緻な評価基準や方法を使いながら、それを理解する手立てをまったく用意していなかった。それが私たちの生きているこの世界で何を意味するのか、誰もが理解できるように伝える手立てをもっていなかった。「地球を救え」という看板を掲げておきながら、真実を掘り起こすどころか、埋もれさせてしまったのだ。

評価基準をどこまでも複雑にしていけば、落とし穴が待っているのはわかっていた。けっして問題が見えていなかったわけではない。そこで私は、その評価基準が「良い」か「悪い」か、顧客が「1位」になるか「最下位」になるかを示す標識をつくることで、この問題を解決しようとした。それが、サステナビリティーのPRにおける難問を解決するための私なりの方法だったのだ。

問題解決のためにこの分野のプロが使う手法が、もうひとつある。すべてのサステナビリティー指標を、ドルやセントといった財務数値に置き換えるのだ。自然を数値で表そうとするこうした手法は「自然資本会計」と呼ばれる。巧妙なやり方だが、当然ながら大きな欠陥もあり、信頼性にも疑問が残る。第一に、自然には値段のつけようのないものが山ほどある。すべてをお金に換算したところで、ありがたがるのは最高投資責任者《CIO》だけだ。一般の人々からすればとくにメリットはない。そして結局、そういう会計は、環境保護活動を数字の裏に隠すためのマントや仮面のような役割を果たすようになった。森からツリーハガーを追い出すことはできても、ツリーハガーの心から森を消すことはできないにもかかわらず。

だが、パーンカットの論文のおかげで、もっといい方法があるとわかった。指標を説明するために標識を使うのではなく、標識が不要になるほど明確でわかりやすい指標を使えばいい。それがキルスコアだ。

さて、あなたは一生のあいだに何人の人を死に追いやっているだろうか。あなたが殺人者や死刑執行人でないかぎり、「ゼロ」と答えるだろう。だが残念、不正解だ。世界には、若くして死ぬ人が大勢いる。その要因は気候変動、喫煙、病気などさまざまだが、その死には私たち個人も関与している。平均的な欧米人は、自らのカーボンフットプリントによって、生涯で約1人の人間を死なせるというのがパーンカットの結論だ。もちろん、研究者の中には、パーンカットより若干少ない「3分の1人から2分の1人程度」と主張する人もいれば、パーンカットより多く見積もる人もいる。

人を死に追いやるということ

ここまで読んで、ページを繰る手が止まったとしてもしかたない。私の考えはあまりに単純で、これから語られるであろう内容を読みたくないと思う人がいてもおかしくはない。ある友人のように、自分のカーボンフットプリントで人を1人死なせたとしても、そんなことはたいしたことではない、と言う人もいるかもしれない。ニュース番組が「衝撃と驚き」を延々と与えつづけるせいで、私たちは匿名の個人の悲劇に慣れきってしまったのだ。

よく知られている思考実験を例に挙げよう。いわゆるトロッコ問題だ。トロッコが線路を暴走している。進路を変えなければ、線路の先にいる5人が死ぬ。進路を変えると、そちらにいる1人が死ぬ。さて、どちらを選ぶべきだろうか？ ほとんどの人は進路を変えるほうを選ぶ。だが、アメリカの哲学者マイケル・サンデルが指摘するように、設定を少し変えるだけで回答の割合は変わる。トロッコの進路を変えるのではなく、太った男を線路に突き落としてトロッコを壊せば、5人を救えることにするのだ。この場合、1人を死なせることに対する抵抗は最初より大きくなる。最初の設定にはなかった主体性がかかわってくるからだ。そして、問題はもはや「5人の命を救うか否か」だけではなくなった。なぜなら、太った男には文字どおり「輪郭」があるからだ。彼の死は匿名の死ではない。

サステナビリティーをめぐる問題は、ある意味ではトロッコ問題とよく似ている。環境汚染による統計上の死の話を、ガーナのフセイニやロンドンのエラの話に置き換えよう。そして、その過程で私たちが環境に及ぼしている生態学的・社会的な負荷を追跡するのだ。誰かを死なせるということがどういうことなのかを想像してみてほしい。目を閉じて、銃を抜く自分を思い浮かべる。想像の中で、未来の男性や女性、子どもの顔を見ながら引き金を引く。それでもまだ、あなたは思うだろうか。1人ぐらい殺しても、たいしたことではない、と。

私たちには主体性があるが、企業や投資家にも同じように主体性がある。企業のキルスコアを算定すると、それがはっきりとわかる。パーンカットの結論をそのまま当てはめるなら、某多国籍ファストフードの巨大企業の場合、ハンバーガーの販売によるフットプリントだけでも、ほぼ30分に1人の割合で未来の人を死なせている計算になる。

「殺人犯」を追跡するうちにわかってくることがある。環境と社会に悪影響を与える私たちの選択が、どれだけのフットプリントを残しているのか。そのフットプリントが人の死にどうかかわっているのか。食品をスーパーマーケットで選ぶとき、オンラインストアで注文するとき、Ｕｂｅｒに電話するとき、店から配達してもらうとき、私たちの選択がどのように人を死に追いやるのか。そして、私たちに何ができるのか――そうした問いへの答えが見えてくるはずだ。

私はいまも、本質的にはビーンカウンターだ。ビーンカウンターらしく、本書でもやはり、注釈や微妙なニュアンスに頼らざるを得ないだろう。というのも、この本はさまざまな意味で「犯罪小説」だからだ。まず、解決すべき大きな疑問がある。私たちはなるほど人を死に追いやっているのかもしれないが、その因果関係の責任は誰にあるのだろうか。アトリビューション（帰属）研究と行動科学の両分野におけるいくつものブレークスルーのおかげで、責任というものに対する私たちの理解はずいぶん深まった。そのため、責任については説明できるかもしれない。だが、賠償すべきは誰なのだろう。本格犯罪小説を気取って、私たちも法廷に入り、罪を追及してみよう。その過程で、黎明期《れいめい》にある環境訴訟について、90年代のタバコ訴訟について、そして殺人をめぐる法理論について学ぶことになるだろう。

私たちは社会全体で、キルスコアを無視するという協定を結んでいる。そこには原告もいなければ裁判官もいない。だから被告も存在しない。

だが、被告はいまこそ原告に向き合うべきだ。裁判官の前に立つべきだ。本書が明らかにするのは現代社会における最大規模の殺人であり、消費者、企業、金融機関のそれぞれが人々の死に負っている相対的責任だ。もちろん被告は、500万本のタバコ（受動喫煙による死者1人あたりの喫煙本数）の煙を誰かの顔に吹きかけた罪で被告席に座っているわけではない。だが、私たちは選択を通じて、たしかに人を死に追いやっている。これはけっして比喩的な話ではない。

逃げることなく認識せよ

犯行現場に立ち会う心の準備ができたところで、プロローグを終えることにしよう。だがその前に、本書におけるビーンカウンターに勝るとも劣らず重要な存在を、ここでもう一度紹介したい。冒頭でその世間的評価について取り上げたきり、いままで置き去りにしてしまったツリーハガーだ。ビーンカウンターが意図せず真実を「抽象という氷の砂漠」に埋もれさせたとすれば、ツリーハガーはどんな失敗をしたというのだろう。

ビーンカウンターを笑うのは簡単だった。私自身がビーンカウンターだからだ。だが、相手がツリーハガーとなると腰が引けてしまう。悪意のこもったステレオタイプが広く世間に知れ渡ったせいで、ツリーハガー個人の人となりが完全に覆い隠されているからだ。とはいえこのステレオタイプにも、少なくともふたつの真実が含まれている。

ひとつは、ツリーハガーが語るストーリーの力だ。ツリーハガーのストーリーは、私たちの視線を(「惑星B」は存在しない、というあの環境保護のスローガンで)たったひとつの「惑星」に向けさせ、個人の悲劇やトラウマから引きはがすことに大きな力を発揮してきた。

ふたつ目は、「傷つけてはならない」というツリーハガーの主張だ。この大前提には共感できる。だが、キルスコアを数値化するにあたっては、「正しいキルスコアとは?」という問いに何度も立ち返ることになるだろう。典型的なツリーハガーなら「ゼロ」と答えるだろうが、そんなものは理想論にすぎない。高価な最新医療の認可であれ、高速道路の保全や整備であれ、社会福祉プログラムであれ、私たちは常に生と死、そして自身の経済的利益と想定されるニーズを天秤《てんびん》にかけ、何かを手に入れるために何かを犠牲にしている。こうしたトレードオフには経済的なものが多いが、さまざまな道徳や嗜好《しこう》に基づいて何かを選択することも同じくらい多いはずだ。いまさらこの原則を放棄するよう言われても、とうてい納得できない。

死について語るのはけっして容易ではない。「人を死なせる」となるとなおさらだ。誰だってそんなことは考えたくない。だが残念なことに、死に関する話題がタブー視されるこの傾向は、世間の目を自身のフットプリントからそらしておきたい者にとっては好都合なのだ。また、これを「トレードオフ」と呼んでしまうと、どうしても冷笑的な態度をとっているように見える。だが私たちは、好むと好まざるとにかかわらず、トロッコ問題と同じように、さまざまなトレードオフをせざるを得ない。

間違ったトレードオフもあれば、正しいトレードオフもある。単に、トロッコにブレーキがついていたのに見つけられなかっただけというケースもある。そしてもちろん、イギリスの哲学者アイザィア・バーリンが言うように、私たちは「内なる砦《とりで》に引きこもり」、自身を世界から切り離すこともできる。そうすればフットプリントを残すこともなくなるだろう。だが、それは必ずしも幸せな道とは言えない。社会的に孤立し、公的なかかわりも私的な楽しみも放棄することになる。私たちも、生きなければならないのだ。ニーチェを信じ、存在から最大の実りと楽しみを収穫しようとするなら、ときには危険を冒してでも生きなければならない。人間であるかぎり、フットプリントと無縁ではいられない。私たちは主体性（人によっては「力」と呼ぶかもしれない）をもち、フットプリントを残して歩いている。風向きによっては思うように進めないかもしれない。しかも私たちは、年齢や国籍、経済的条件や社会的条件に囚《とら》われた存在で、そのせいで力が制限されることもある。だがそれでも、主体性は損なわれない。

行為主体としての道徳性はおそらく、内なる皆への引きこもりと、不注意で危険な生活という、両極端の中間のどこかに位置しているのだろう。しかし、最終的にどんな道徳観に行き着くとしても、人が死んでいるという重要な真実に変わりはない。誰が責任を担い、賠償し、非難されるべきかにかかわらず、「正しい」フットプリントの数値にも関係なく、私たちは人を死に追いやっている。これは残酷な真実だ。そして私たち全員が、いま向き合うべき真実だ。ツリーハガーもビーンカウンターも、いまこそPRを一新しなくてはならない。行動する時がきたのだ。

だが、そのためにはまず、死について再認識する必要がある。正直に言えば、この本格犯罪小説には、少々むごたらしいシーンが多いかもしれない。だが、本書はサステナビリティーを再認識する、ユニークで新しい機会にもなるだろう。

断っておくが、ハッピーエンドは約束できない。結局のところ、この話の結末を決めるのは、私ではなくあなたなのだから。「キルスコア」へようこそ。

パート

1

予備知識

1 キルスコアに至る道のり

ワクチン拒否で死ぬということ

この章で取り上げる最初の死者は、他人の行為のせいではなく虚栄心のために死んだ、いわば自らの意思の犠牲者だ。彼の名はファレル・オースティン・レビット——通称ディック・ファレル。ファレルは私たちが考えるキルスコアの型には収まらず、本書の「パート2」のどの犯行現場にも登場しないが、彼のエピソードには重要な意味がある。私たちがキルスコアを理解するのに、ぴったりのケースなのだ。

ファレルは2021年8月、新型コロナウイルス感染症により亡くなった。そのわずか数週間前に、ワクチンはインチキだと、フェイスブックで激しく非難したばかりだった。

有名人のファレルの死はメディアで大きく取り上げられ、論議の的となった。ファレルは「もうひとりのラッシュ・リンボー」とも称される右派の代表格で、右翼系ケーブルテレビのニュース専門チャンネル、ニュースマックスで司会を務めるほか、フロリダのさまざまなラジオ番組でも活躍していた。

ファレルの死は、自ら選んだライフスタイルによって決定づけられたものだ。こうした「ライフスタイルによる死」は、キルスコアと深い関係がある。ファレルは死の1週間前に65歳の誕生日を迎えたばかりだった。2021年2月以来、アメリカでは60歳以上の高齢者のワクチン接種が可能になっていたので、その気になればいつでもワクチンを接種できた。だが、彼は接種しないことを選んだ。

もちろん、ワクチンを接種しても感染を100パーセント防げるわけではない。ソーシャルメディア上の誤った情報や、医療行為に対する不信感が蔓延《まんえん》していたことを考えると、ワクチンを接種するか否かで悩んだ人はかなり多かったはずだ。過去に国家から被害を受けたことのあるコミュニティーでは、その傾向がとくに顕著だ。東ドイツのワクチン接種率が西ドイツより低いのもうなずける。[5]

結局のところ、ワクチンはすべての死を防げるわけでもなければ、すべての人が接種できるわけでもない。これは軽視できない事実だ。だが、ここで重要なのは選択だ。事実上、

2021年8月にはすでに、アメリカの全国民にワクチンを接種する機会が与えられていた。つまり、新型コロナウイルス感染症で死ぬ可能性をほぼゼロにするという選択ができるようになっていたのだ。もちろん、ディック・ファレルも例外ではない。そしてファレルは、接種を見送った。

現代の西欧社会では、死の多くがライフスタイルの選択に起因している。このような時期は歴史的に見てもめずらしく、おそらく長くは続かないだろう。だからこそ、ファレルの死は語られるべきなのだ。喫煙、飲酒、違法薬物、自殺、砂糖、脂肪、運動不足、スクリーンタイム［スマートフォンやPCの画面を見ている時間の長さ］。これらすべてが西欧社会における死の主なリスク要因となっている。もちろん、私たちはみんな死ぬ。違法薬物に手を出さなければ死なくてすむ、というわけではない。だが、薬物の大量摂取は高い確率で死を引き起こす。そういう意味で、ファレルの死は私たちの世代、私たちのいまを象徴している。私たちは凶器を選び、その凶器を振りかざして自らを死に追いやっているのだ。あなたは本書に出てくる他人の死や殺人に興味を引かれるかもしれない。だが、その種の殺人を理解するにはまず、私たちが自らを追い込んでいる「ライフスタイルによる死」を理解する必要がある。

本書の読者の多くは、新型コロナウイルスのワクチンを接種していることだろう。そして反ワクチン派を非科学的だと否定するだろう。だが現実には、私たちのほぼ全員が、ライフスタイルの選択がどれだけ自身の死につながるかを――程度の差はあれど――否定しながら生きている。ファレルがワクチンを猛烈に批判し、「正しい側」に立ってワクチン反対運動の旗を振ることで体験したドーパミンラッシュと、キンキンに冷えたビールやコーラ、ハンバーガー、タバコ、薬物、映画やスマートフォンのスクリーンなどから得られるドーパミンラッシュとのあいだに、根本的な違いはない。

新聞には、ファレルがワクチン接種を拒否したことを悔いたかのように書かれているが、死の床に横たわるディック・ファレルの頭の中はのぞけない。いずれにしても、予防接種を受けなかった人たちがそのことを後悔しながら最期を迎えたという話は無数にある。しかし、これはアルコール依存症患者の多くにも当てはまることではないだろうか。たしかに、人生の終わりが近づいたとき、自らのライフスタイルを悔やむことになるかもしれない。それでも人は、楽しめるあいだは楽しみつづけるものなのだ。

選択する人々

ほとんどの人は、毎日のように何らかの消費の選択をしている。その選択には、直接の死因にはならないにしても、少なくとも死をもたらす主要なリスク要因として公衆衛生報告書に記載される類いのものが含まれている。そしてその中には、予防接種をしないという選択と同じように、自分だけでなく周囲の人々へのリスクをも伴うものがある。すぐに思い浮かぶのは喫煙だが、運転者のスピード違反や歩行者の信号無視なども、そうした行為のひとつだ。国家が介入し、課税、薬物の違法化、速度制限の導入、予防接種の義務化などを行う場合もある。だが、一部の例を除けば、私たちが自分自身に与えるダメージは基本的に許容されている。

自分自身を死に追いやるという選択が一般に受け入れられている主な理由は、その選択に「命と引き換えにするだけの価値がある」と考える人がいてもおかしくないからだ。

厳密に言えば、私たちは酒が原因で死ぬわけではない。世界に酒が存在しなかったとしても、やはり全員がいつか死ぬことに変わりはない。酒は命を縮める（そして多くの場合、より多くの苦痛と費用とともに死に追いやる）にすぎない。酒に酔うことで得られる快楽のためなら、5年や10年、いや、15年でも20年でも、命を縮める価値はあると考える人はいるだろう。たとえディック・ファレルがワクチンはインチキだと心から信じていたとしても、新型コロナウイルスが人を死なせることは知っていたはずだ。つまりファレルは、フェイスブックの「いいね！」を稼いで注目を集めるためならワクチンに反対する価値はあると考えて、進んでリスクを取ったのだとも考えられる。皮肉な言い方をすれば、ファレルは賭けに出て負けたのだ。

「生存年」と「快楽」のトレードオフは信じられないほど複雑で、取引条件として定量化するのはほぼ不可能だ。だが、取引はたしかに行われている。みな、罪の意識を感じながらも自身の死を早めかねない喜びにふけり、原理ではなく程度によって自身の差別化を図っている。そこが重要だ。私たちは、致命的なリスクを背負う可能性がゼロではないような、ライフスタイルの選択をしている。それによって得られる喜びを考えると、その選択は合理的なものとも、場合によっては正当なものとも言えるかもしれない。

進んで命を縮めることと引き換えに利益を得ている場合、その選択の良し悪《あ》しを分ける線はどこにあるのだろうか。この疑問には、今後も何度となく立ち返ることになるだろう。もし誰かが、自分は今後、「完全栄養食」を謳《うた》う粉末食品、Huel（ヒュエル）しか口にしないことにするなどと言いだしたらどうだろう。たとえそれで数カ月（数日？）寿命が延びるとしても（ただしその効果は科学的にはまったく証明されていない）[6]、多くの人はその選択を笑うのではないだろうか。だが反対に、「自分は早く死にたいから、1日3箱のタバコを吸う」という人がいても笑うかもしれない。真実は――この問題に真実というものがあるとすればだが――このふたつの行動のあいだのどこかにあると考えられる。

真実がどこにあるかという問題がさらに厄介になるのは、他人の選択の良し悪しを判断しなければならない場合だ。つまり、消費の選択をするのが自分ではなく、私たちを取り巻く世界の人々である場合だ。というのも、現代ではライフスタイルによる自殺が急激に増えているため、私たちが周囲をどれほど死に追いやっているのかが、ますますわかりづらくなっているからだ。

「予防できる」死因リスト

「Ｈｕｅｌだけで生きる」ことと「1日3箱のタバコを吸う」ことは、互いにどう関係しているのだろうか。ライフスタイルは私たち自身を、そして本書のテーマに落とし込めば他人を、どの程度死に追いやっているのだろうか。

イギリスの事例が西欧諸国の大半に当てはまることはほぼ間違いないので、イギリスを例にとって考えてみよう。サッカーの試合を思い浮かべるとわかりやすい。たとえば２０２1年に行われたＵＥＦＡ欧州選手権の決勝、ウェンブリー・スタジアムでのイタリア対イングランド戦だ。この試合にはチケットを持った6万人のファン（とチケットを持たないファンの一部）が詰めかけ、誰もが素晴らしい1日（イングランドを応援していた側はほぼ1日）を過ごした。あの日、あのスタジアムで、自分がどんなふうに死ぬかを考えた人はまずいないだろう。だが、その大観衆がいわば代表選手のようにイギリス社会の断面を見せていたと考えるなら（男性の比率が高かったのでそれが正しいとは言えないが、細部ははしょって想像を容易にしよう）、誰がどんなふうに死ぬかはおおむね予測可能だ。

スタジアムに居合わせた約6万5000人（万全を期すため職員とチケットを持たないファンを含める）のうち何人が、どんな原因で死亡するかをイギリスの統計をもとに計算し、まとめたのが次のリストだ。ちなみにイギリスの国家統計局は、（私には理解できない分類法で）「予防できる」死因と「予防できない」死因とを区別している。たとえば75歳未満で結核で死ぬことは「予防できる」が、75歳以上で結核で死ぬことは「予防できない」死因に分類される。リストに挙げたのは国家統計局が「予防できる」死因に分類しているものだ。分類法はともあれ、「予防できる」死因による死者数の割合は、ヨーロッパ大陸の大部分に、そしておそらくは先進国全般に当てはまるだろう。

- 1429人が肺がん（「予防できる」死因の第2位）、2200人が他のがんで死亡
- 1800人が心疾患（「予防できる」死因のトップ）で死亡
- 1200人近くが「不慮の事故」で死亡
- 484人が飲酒に関連する疾患で死亡

・400人強が自死
・287人が肺炎で、7人がインフルエンザで死亡
・約140人が交通事故（主に路上）で死亡
・95人が医療過誤で死亡
・59人がてんかんで死亡
・約50人が殺害される
・12人が結核で死亡
・9人が違法な薬物使用で死亡

そして自然死――「予防できない」死――は依然として西欧社会における死因のトップで、全体の約82パーセントを占める。サッカースタジアムの来場者6万5000人のうち、5万5000人弱がこれにあたる計算だ。だが、この「予防できない」という考え方は、おそらく少し間違っている。この5万5000人は基本的には老衰で、または「予防できない」病気によって死亡する。考えられる主な死因は、すぐに思い浮かぶアルツハイマー型などの認知症と、高齢であることからもはや「早死に」には分類されない、さまざまな心疾患だ。

「早死に」の恐怖

「早死に」の概念はかなり混乱している。人が死ぬのは体が衰えるからだが、私たちはみな、ある意味では、ゆっくりと自分に毒を盛りつづけているようなものだ。体が衰える速さは毒を盛るペースに応じて異なる。そして、全員に共通する自然死の年齢などというものは存在しない。毒を盛るペースがそれぞれ異なるように、毒に対する抵抗力や回復力にも個人差がある。何をもって「早死に」とするかは規定しづらい。

こうした細かな問題はあるものの、「早死に」と聞けば、誰もが何らかの死に方をイメージするだろう。サメに襲われる。交通事故。薬物の過剰摂取。自死。肥満からくる心臓発作。喫煙による肺がん。職業関連死。銃撃。新型コロナウイルス感染症。熱中症。凍死。餓死。いずれも、一般に「早死に」と呼ばれる死に方だ。単なる肉体の衰えによる死ではなく、より大きな外部の力や不自然な介入によって引き起こされた死なのは明らかだからだ。

他人がこうした死を迎えた場合、私たちは早死にだと認識するにもかかわらず、自分が常に早死にのリスクを冒していることは、まったくといっていいほど意識していない。たとえば、自殺は早死にを達成するにはひどく非効率的な方法だ。自殺しようとしても、9割以上が未遂に終わるからだ。その一方で、喫煙は非常に効率的だ。ほとんどの喫煙者は死にたいとは思っていないし、自殺の意図などさらさらない。だが、喫煙者3人のうち約2人は（最終的には）喫煙が原因で亡くなる。

死は人間の究極の共通体験であると同時に、私たちの多くにとって不安と苦痛の種だ。それなのに、自分が早死にするとしたら何が原因になりうるかについて、私たちはどうしても理性的には考えられないし、誰かから教えられてもいない。そのこと自体はさほど不思議ではない。私は絶対にサメのいる海でなど泳がないのに、多くの友人と同じように、サメに食われるかもしれないという説明のつかない恐怖を抱いているし、飛行機事故で死ぬかも、という根拠のない恐怖も感じている。

自分は本来、何を恐れるようにできているのか、基本的な意味で人間の最も根源的な恐怖とは何なのかを、私たちは知らない。もしかしたら、死そのものではないとも考えられる。というのも、年老いて愛する人に囲まれ、鐘の音を聞きながら終わりを迎えるという厳粛なイメージに対しては恐怖を感じないからだ。人が最も恐れているのは「早死に」なのかもしれない。

お気づきだろうか。先ほどの死因リストには、サメもテロリストも飛行機も入っていなかったことに。そして、リストにある「早死に」の原因のほぼすべてが、病気、事故、意図的な（自身または他人の）殺害、という3種の死因のいずれかに分類されることに。

真犯人を捜せ

本書は殺人についての本だ。もっと具体的に言えば、私たち全員が互いに（通常は無意識に）犯している殺人についての本だ。先の死因リストの問題点はどうやら、真の殺人犯を隠していることにあるようだ。飲酒、違法薬物、自殺はそれぞれ独立したカテゴリーとして目に見える。だがその他の悪者、つまりタバコや砂糖や運動不足は、いったいどこにいったのだろう。

たしかに、肺がんは人を死に追いやる。だが、肺がんの主な原因はタバコだ。米国疾病管理予防センター（CDC）によれば、肺がんによる死者の約8〜9割に喫煙歴があるという。肺がんで死ぬことは、銃で撃たれて死ぬのとたいして変わらない。銃はたまたま選択された凶器にすぎず、その点では肺がんも同じだ。引き金を引いたのは喫煙であり、手近にあった凶器のうち最も致命的だったのが肺がんだっただけなのだから（凶器はほかにもある。実際、喫煙は死因リスト中のほぼ全種類の病気の潜在的な要因に含まれている。だが安心してほしい。本書は喫煙を批判する本ではない。もちろん、喫煙が体に悪いのは確かだが）。

それから、心疾患と肥満がある。あまりに頻繁に目にする統計なのですでに見飽きているかもしれないが、これについてはしつこく説明する価値があるだろう。現在、臨床的に肥満とみなされている人の割合は、全人口の3分の2にのぼる。肥満について話しだすと長くなりそうだが、手短に言えば、決定的な役割を果たしているのは砂糖だ。信じられないかもしれないが、実は世界中ほぼどこに行っても、食品に含まれる脂肪の量は過去30年のあいだに減少している。肥満の原因はひとえに砂糖なのだ。「砂糖産業《ビッグ・シュガー》」に対する訴訟の時代はすでに到来している。「オレオ」ブランドの現所有者に対する2021年の訴訟もそのひとつだ（もっともその訴訟は、オレオが「ファッジを含む」という表現が妥当かどうかについての訴訟らしい。これほどアメリカらしい争いはないだろう。アメリカの訴訟は執筆のいいネタになる）。

アメリカ人は、1日に大さじ5杯分もの精製糖を摂取している。これは推奨摂取量の約3倍で、角砂糖を毎日18個ずつ食べているに等しい。古代ギリシャの郵便配達人が、雨の日も雪の日も、みぞれが降ってもあられが降っても担当区域の配達を欠かさなかったのと同じように、砂糖は毎日、1日も欠かさず、せっせと私たちの体に入り込んでくる。

アメリカの最近の研究によれば、砂糖入り飲料だけをとっても、世界で年間18万人以上の死を引き起こしているという。ドイツではハレ・ビッテンベルク大学の研究グループが、冠状動脈性心疾患と診断された患者の約半数（年間16万人）に不健康な食事との関連が見られると明言している。これをヨーロッパ全体に当てはめると、その数は年間１００万人にのぼる。

こうした個々の統計はどれも興味深いが、「ライフスタイルによる死」という災厄の規模を把握するにあたっては、必ずしも役に立たない。そこで、世界全体で起きていることに目を向けてみよう。前世紀、つまり20世紀には、4億人以上の死が違法薬物、喫煙、飲酒、運動不足、栄養（栄養不足ではなく栄養過多――すなわち肥満）、避妊具なしのセックスに明らかに起因していた。これらの死者数を合計すると、脳卒中や心疾患には及ばなくても、天然痘による死者数に匹敵する数となる。天然痘が（少なくとも当面は）撲滅された結果、生活習慣病は戦争と戦争後遺症、殺人を差し置いて、20世紀の死因トップ3に躍り出た。さらに言えば、生活習慣病による死は、心疾患としてカウントされている死にも多数含まれる。世界全体の自殺率のような、現在の技術では定量化できない、しかしある程度の説得力をもつ重要な要素を加味すれば、「ライフスタイルによる死」は20世紀最大の死因になるかもしれない。

ライフスタイルという言葉が誤解を招きがちなのは、疾走する車、最新流行の服や音楽、ワインに酔いしれる夜、素晴らしい旅行や冒険を連想させるからだ。だが、ライフスタイルという言葉から連想するなら、アメリカの経済学者アン・ケースとアンガス・ディートンが唱える「絶望死」の概念のほうが適切かもしれない。「絶望死」には、「ライフスタイルによる死」の悲しい要素がいくつも含まれている。

殺人の歴史

本書ではキルスコアを算定する約束だが、この壮絶なテーマを掘り下げる前に、ここでいったん立ち止まったほうがよさそうだ。ハムレットの「簡潔さは知恵の真髄」という教えのとおり、ここで簡潔に話すに値するストーリーがある。殺人の歴史を説明する、次のようなストーリーだ。

人類の進化における最初の200万年間、人の死の最大かつ最も基本的な要因は、地球上のほぼすべての生命体と同じく「自然」だった。病気、環境の急激な変化、そしてあまりに大きな頭蓋と脳をもつ子どもの出産（これは進化の設計上の欠陥と言える）が、自然が人間にふるった凶器だった。

やがて、人類は自然の大部分を支配した（言いすぎだと思う人もいるかもしれないが、ある程度までは事実だ）。ワクチン、抗生物質、帝王切開などの医療技術とテクノロジーの驚異的な進化によって、より多くの人が自然淘汰《とうた》の波から守られるようになった。この状況が極端に進んだため、自然淘汰のスイッチをオフにすることの危険性を懸念する論文も出てきている。2006年の映画『26世紀青年』は、自然淘汰を克服した結果、適者生存の概念よりも不適合者の勢力拡大のほうが優先されるようになり、愚かな人間が蔓延する未来を描いている。この映画の前提はけっして科学的とは言えないが、少なくとも、自然淘汰の力が弱まったという点については正しい。それがいま、私たちが生きている時代なのだ。

そして、私たちは自分自身を死に追いやるようになった。何も、自殺が死因のトップだと言いたいのではない。私たち自身が殺人事件の犯人であり、被害者でもあるという事実について話しているのだ。結果的に、ライフスタイルは20世紀だけでも4億人以上に死をもたらした。これはおそらく保守的な推計による数字なので、実際の犠牲者数はもっと多いに違いない。

私たちの多くが、ライフスタイルの選択によって自分自身に信じられないほどのダメージを与えているというのに、いったいなぜ、その影響が周囲に及ぶことは想定されていないのだろう。影響がないなどありえないではないか。そう、ここで話はキルスコアに戻る。

私たちの選択が周囲に直接的な影響を及ぼすことはすでによく知られている。ファレルは周囲の人を新型コロナウイルスに感染させた可能性が高いし、受動喫煙は健康被害をもたらす。さらに、トラウマになりそうな現代の真実を明かそう。私たちが消費者として、生産者として、投資家として行う選択は、実は自分や周囲の人を死に追いやっているだけではない。現在でも未来でも、いまいる場所でも他の場所でも、間接的に多くの人々を殺しているのだ。この真実は、これまでカーテンやロープで覆い隠されてきた。いまこそ覆いを取り払うときだ。

伝統的な殺人とは

言うまでもなく、人間が互いに殺し合っているという考え方は新しくもなければ、とりわけめずらしくもない。戦争や紛争はアベルとカインの時代からある。ライフスタイルの選択によって人間が環境に悪影響を及ぼすのも、今世紀に限ったことではない。どんなに控えめに言っても、大航海時代や植民地時代の幕開けから続いていることだ。

心理学者のスティーブン・ピンカーは著書『暴力の人類史』［青土社、2015年］で、人類は進化の初期と比べて暴力をふるわなくなったと結論づけている。だが、あとで詳しく述べるように、これにはいささか異論がある。では、今日ではどのように状況が変わったのだろうか。キルスコアをもつ私たちはなぜ、過去の時代の人々とは違うかたちで人を死に追いやっているのだろうか。この問いに答えるには、伝統的な殺人犯を簡単に紹介する必要があるだろう。伝統的な殺人犯は、基本的には次の3つのタイプに分類される。

第1のタイプは、言うまでもなく、古き良き時代の個人だ。強欲、色情、恐怖、愛、その他もろもろの情熱のために——エマソンによれば、この情熱こそが「あらゆるものを生き生きと意味あるものにする」のだが——他の個人を殺す殺人犯だ。このタイプの殺人犯はシャーロック・ホームズに任せよう。私たちにも本書にも無関係の話だからだ。この種の悲劇に興味のある人は、犯罪ドキュメンタリージャンルのポッドキャストや推理小説がごまんとあるから、そちらで満足してもらいたい。

とはいえ、今後の考察にあたって思い出せるように、このタイプの殺人犯にささやかな注釈をふたつ添えておきたい。ひとつは、このタイプの殺人犯の倫理観をテーマにしたポッドキャストやネットフリックスの犯罪ドキュメンタリーのせいで、文化的な変化が起きていることだ。私たちは殺人犯の人格や欠点にぞっとするような魅力を感じるようになり、間違いなく殺人の恐ろしさに鈍感になり、ときには共感さえ抱くようになっている。殺人の意味が以前よりずっと曖昧になった世界で起きたこの変化によって、キルスコアを軽減することはより困難になっている。キルスコアを減らす方法を考えるうえで、このことは今後、重要な意味をもつだろう。

ふたつ目の注釈は、ある種の加害者を生み出す社会には、集団的な責任があるということだ。これまでの私たちには効果的に語る力がなかったため、社会が人を死なせていることを可視化できなかった。たとえば、ロンドンからジャカルタに至る世界中の都市の若者から機会を奪い、犯罪に走らせていることに対して、集団で責任を負うことができないいま、殺人犯の個人的な側面にばかりとらわれていたのだ。そういう意味で、第1のタイプの殺人犯は第2のタイプの殺人犯、「英雄」の普及縮小版とも言えるだろう。

そう、第2のタイプの殺人犯は、歴史上の「英雄」だ。英雄崇拝論は19世紀のイギリス人哲学者トマス・カーライルが唱えた歴史観で、歴史の流れは英雄（ヒーロー）が人類を前進（または後退）させることで生まれるとする考え方だ。カーライルの言葉で言えば「世界の歴史は英雄の伝記にすぎない」ということになる（どこかでこの歴史観を引用したくなった読者のために、「英雄」の現代版とも言うべきジェンダーニュートラルな呼称を紹介しておこう。オックスフォード大学の歴史学教授ダイアメイド・マカロックが命名した「巨獣」だ。私はこの呼称を気に入っている）。

英雄崇拝論は19世紀に提唱されて以来、かなり激しい批判を浴びてきた。なかでも最も雄弁に批判したのは「英雄は歴史の奴隷にすぎない」と反論したトルストイだろう。だが私たちが歴史上の殺戮《さつりく》や殺人について語るとき、「英雄」という言葉はいまだに広く用いられている。チンギス・ハーンに関する論文に書かれるのは彼が何人の人間を殺したかであって、彼に付き従うモンゴル人が何人いたかではない。私たちはヒトラー、スターリン、毛沢東《もうたくとう》による犠牲者の数は比較するが、ドイツ人、ロシア人、中国人というくくりでの犠牲者の数は比較しない。

最近では、トニー・ブレア元イギリス首相が女王から最高位ガーター勲章の受章者に選ばれた際の騒動が記憶に新しい。この決定に抗議するイギリスのオンライン署名サイト「Change.org」の嘆願書には、わずか数週間で100万人以上の署名が集まった。政府のどんな決定が人々を目覚めさせるかを物語る興味深い事例が、またひとつ増えたわけだ。引退して過去の人となった68歳の老人に勲章を与え、年に一度、限られた人にしか使われない接頭辞や接尾辞が使われる場にドレスアップして出かけられるという輝かしい特権を付与することは、どうやら国民の怒りを買うらしい。世界がどんな危機に直面していようと、数十年後の私たちは、国民を熱狂させたこの騒動を懐かしくふり返るだろう。それにしてもChange.orgの嘆願書は強烈だった。「(トニー・ブレアには)さまざまな紛争地で罪のない無数の一般市民と軍人を死に至らしめた個人的な責任がある」と書かれていたのだ。用心しなければならない。巨獣はいつか、逆襲へと舵《かじ》を切るかもしれない。

第3のタイプの殺人犯は「匿名の集団」で、ドイツ人、ロシア人、中国人、イギリス人に行為の責任を問う場合はこの集団を相手にすることになる。哲学者ハンナ・アーレントは「集団の責任」についての小論で「全員が有罪なら誰も有罪ではない」と述べている。1960年の映画『スパルタカス』で奴隷全員がスパルタカスを名乗るように、あるいはアガサ・クリスティーのミステリー小説のように（ネタバレ注意！）、「英雄」ではない一個人はけっして有罪にはならない。1人（トニー・ブレア）が有罪でないなら全員が有罪であり、そうなれば、誰が何をしたかなど考える必要もない。

原告と被告の両者を含むすべての関係者にとって、この状態はときに好都合だ。加害者を匿名化し、さらには「ドイツ人集団」や「イギリス人集団」と呼んで人間味を薄めれば、悪魔扱いするのが容易になる。集団に匿名化と統一化の力があるというのは、ある程度まで事実のようだ。遅くとも1895年にはギュスターヴ・ル・ボンが著作『群衆心理』でこのことを指摘し、フロイトやアメリカの社会学者ラルフ・ターナーなどもこの群衆心理に言及している。「一定の期間にわたり群衆のひとりとして過ごした個人は、群衆に磁石のように引き寄せられた結果、またはその他の未知の原因によって、自分がある特別な状態になっていることに気づく。それは催眠術にかかって魅了された人が、催眠術師の意のままになっている自分に気づくのとよく似ている」とル・ボンは言う。

ル・ボンの著作は、単純すぎるとか、個人の主体性を否定しているとかいった理由で、長年のあいだ強い批判にさらされてきたが、中心にある考え方には見るべきものがある。共通の信念という波に足をすくわれるような感覚を覚えたことがある人は、多いのではないだろうか。

現代の殺人とは

私がこの章を書いたのはロシアがウクライナに侵攻する前だったが、世界に向けて初めて発信されたこの戦争の映像ほど、群衆心理を鮮やかに描き出したものはほかにないだろう。だが、実際にそこに映し出されていたのは、母親を呼ぶロシア兵だった。大量に配置された匿名の兵士たちではなく、怯《おび》え、混乱した、イワンやドミトリやアレクセイだった。ソ連の英雄アレクセイ・スタハノフのような理想化された労働者でもなければ、パレードする無名で無個性な北朝鮮兵士でもない、あなたや私のような人々だった。おそらくは、したことではなくしなかったことのせいで、この恐ろしい映像に登場し、戦死していった人々だった。

本書で追及する「殺人犯」も、伝統的な加害者像とは合致しない。私たちは欲望や情熱に突き動かされてはいないし、巨獣でもない。そして何より、匿名の集団でもない。選択の力をもつ主体的な存在だ。

私たちが自身の選択についてこんなふうに考えられるのは、いまが「個人のライフスタイル」という概念の存在する時代だからだ。個人主義や個人の自由というものがなければ、「ライフスタイルによる死」がそもそもどういうものなのかを理解できないだろう。アーサー王の時代のイギリスや、国民の大多数が（女性はもちろん、労働者階級の多くが）道徳と経済の拘束衣に締めつけられて窒息しかけていたビスマルクのプロイセンに、どんなライフスタイルの選択肢が——そして自己表現の可能性が——あっただろう。現代において人を死に追いやっているのは、社会システムだけではない。そこに登場する役者としての私たちも、同じことをしている。そして、シェイクスピアの『お気に召すまま』でジェイクィズが言うように、「この世はすべて舞台」なのだ。

ここで、キルスコアが登場する。大気汚染も、19世紀のイギリスで起きたような炭鉱事故も、昔からあった。だが当時の人々には、過去にさかのぼってその経緯を把握する力、つまり犯行現場を理解するのに必要な「科学鑑定」の手立てがなかった。だから事実と事実とのつながりが見えなかったのだ。

現代の犯行現場を訪れてキルスコアを測定しようとすると、過去の犯行の痕跡に出くわすことがある。自然破壊の痕跡はイースター島の文明に、労働力搾取の痕跡は産業革命と奴隷制と植民地帝国に、大気汚染の痕跡は20世紀初頭の大都市に見られる。だがそこには、まだ新しい足跡や痕跡も見つかる。私たちの足跡だ。現代という「すばらしい新世界」の地面には、環境や社会へのフットプリントがはっきりと刻まれている。

経済的・政治的な事情のもと、人々のニーズや欲求を満たすために大規模に人を死に追いやる行為はけっして新しくはないとはいえ、かつては戦場だった人類の犯行現場は、いまではスーパーマーケットやガソリンスタンド、電子機器の画面や家庭へと移っている。このことは、資本主義社会という現代の戦場において、私たちの選択がどれほどの影響力を発揮しうるかを物語るものだ。

キルスコアの算出は犯罪学や法医学に近い部分があり、捜査方法も使われる道具も進化している。私たちは科学鑑定という新しい道具を使って、現代の戦場で検視を行う。さらに、ゲーテの言う「世界を最も奥深いところで束ねているもの」への理解を深めることで、間接的な痕跡から被害者と殺人犯を割り出す。

私たちはいま、ひとりひとりが主体性と選択権をもつとされる世界に生きている。個人に自由がある一方で個人の責任も重視され、加害者が特定されるようになったことは、欧米の個人主義の不都合な点と言えるかもしれない。

キルスコアの前提

自然を征服し、人類を進歩させるという意図のもとで私たちが築いてきたこの世界にあっては、個人だけでなく企業も金融機関も、人を死なせかねない凶器を手にしている。主体性と選択権をもつことで、私たちは集団から個人へと引き上げられた。科学の進歩は、個々の殺人犯を追跡し、そのキルスコアを測定する手段を私たちにもたらした。

以下の3つはキルスコアの核心となる考え方なので、もう一度確認しておこう。

1 個人には主体性があり、ゆえに責任がある。少なくとも説明責任は免れない。
2 個人の選択は人を死に追いやる。
3 科学の進歩により、いまでは殺人犯の追跡とキルスコアの測定をかつてない精度で行える。

私たちは、「ライフスタイルによる死」が自分だけでなく、自然や社会構造をも破壊する世界に生きている。誰かを死に追いやる行為がなされてから、その誰かの死亡証明書が発行されるまでに何十年もかかる世界だ。本書は、文明の第三世代の始まりを告げるものだ。第一世代においては、自然が人間を死に追いやった。第二世代においては、人間が自分自身を死に追いやった。そしていま、人間は未来を死に追いやっている。

この言い方が殺戮の歴史をひどく単純化していて、歴史の流れを省略しすぎていることは認めよう。フランスの哲学者ジャン＝フランソワ・リオタールの言う「メタナラティブに対する懐疑」を当てはめるべきケースだ。それでも、この単純化された言い方にこそ、詩的で冷徹な真実があるのではないだろうか。環境の逆襲は、はるか以前から始まっているのだ。

2 キルスコアを科学する

キルスコアを測る5つのカテゴリー

キルスコアの生じる犯行現場についてはプロローグでも触れたが、実際に犯行現場に出向くことになるパート2に備えて、ここであらためてまとめておこう。

本書ではこれから、環境危機と社会危機について論じる。具体的には、「気候危機」「廃棄物」「労働」「匿名消費」「暴力・戦争・紛争」という5つの分野のキルスコア——すなわち将来的な殺人の規模——を調査し、死者数を割り出していく。

1　気候危機

気候変動は間接的に人を死なせるが、その責任を問われるべき人たちが犠牲となる可能性はきわめて低い。悲観的な推計によれば、気候変動による累計死者数は今世紀末までに3億人に達する恐れがある。標準的な推計でも、気候変動に関連する累積死者数は、2100年には8000万人弱にのぼるとされている。

2　廃棄物

このカテゴリーの主な殺人犯はプラスチック汚染と大気汚染で、その影響は多くの場合、気候変動よりも局所的だ。それでも、このふたつによる死者数は年間約400万～500万人にのぼり、うち約100万人の死がプラスチックごみに、それ以外は戸外の汚染された大気に起因するとみられている。ただし、室内空気汚染はこの推計には含まれない。室内空気汚染には、新興市場における経済事情や住宅事情といったより広範な要因が絡んでおり、汚染を助長する特定の個人行動とは無関係だ。

プラスチックごみや排気ガスの発生量が現在の水準にとどまると仮定すれば、2020年から今世紀末までの累計死者数はおよそ3億2000万～4億人と推計される。21世紀の環境関連死の原因のトップが気候変動ではなく環境汚染だというのは意外かもしれないが、おそらく気候変動による死は原因を特定しづらいことと、実際に死に至るまでに時間がかかることが理由でトップの座を譲ったのだろう。また、CO_2は毒物でもなければ、環境を破壊するという意味での「汚染物質」でもないという理由もある。CO_2は単に大気の加熱を助長するだけなので、変化は見えづらいが、より長期的で劇的な結果をもたらす。さらにつけ加えるなら、異常気象が経済に大打撃を与えることも、気候変動が大気汚染以上に懸念されている理由のひとつだろう。

3　労働

過重な労働、つまりグローバルな生産とサプライチェーンがもたらす致死的な影響に関しては、年間約35万人が直接死（職場での死亡）で、230万人が間接死（労働条件に起因する職場外での死亡）で亡くなっているという国際労働機関（ILO）の推計がある。[7] 状況が変わらなければ今世紀末までの死者数は約1億6000万人となるが、人口の増加を考慮すれば、これは控えめすぎる推計かもしれない。

4　匿名消費

私たちは世界的な孤独の危機に直面している。誰もがしている重要な選択、「匿名消費」

によって、私たちはますます孤独をつのらせている。「匿名消費」とは他人と直接顔を合わせずに行われる経済活動を指す。たとえば自宅に閉じこもったままインターネット経由で買い物をすることもそのひとつで、高齢者が社会から事実上見捨てられるなど、さまざまな問題を引き起こしている。だが、孤独は老人の特権ではない。複数のアンケートで、アメリカ人の5人に3人が孤独を感じていることがわかっている。その一方で、新型コロナウイルス感染症のパンデミックは、社会的な孤立がいかに死亡率を高めるかを容赦なく示している。

その他の匿名消費も、同じように破壊的な結果につながっている。たとえば、匿名のインターネット上ではいじめが急増する。だが、匿名消費と孤独による死を広範に分析した総合的な研究が存在しないため、具体的な数値が出せない。これは大きな問題だ。もうひとつの問題は、これがライフスタイルによる「殺人」であるとは言い切れないことだ。むしろ自ら招いた死、つまりライフスタイルによる「自死」である可能性も考えられる。だが、ある程度は自傷の要素もありうるとはいえ、それを「自死」とみなすのは偏見であり、間違っている。それを明らかにできたらと思う。

孤独は早死にのリスクを26パーセント高める。これは肥満のリスクを上回り、毎日15本のタバコを吸うのにほぼ等しい。イギリスでは調査対象の成人のうち5パーセントが、常時または頻繁に孤独を感じると回答している。孤独の死亡リスクが喫煙と同じなら、孤独を感じている人の3分の2は孤独が原因で死亡することになる。つまり現在イギリスに暮らす150万人以上が、孤独が原因で死亡する計算だ。

問題は、実際に精神を病んでしまうほど孤独な人がどれだけいるのかということだ。そして、キルスコアというテーマにおいて重要なのは、個人の行動と他人の孤独がどれだけ密接に結びついているかという問題だ。これについては、匿名消費の章で詳しく分析したい。ただし、匿名消費が人を死なせることは間違いないものの、定量的なキルスコアをつけることはできないだろう。ふたたびハムレットのセリフ――「ホレイショよ、この天と地のあいだには、おまえの考えの及びもつかぬものがあるのだ」――を借りれば、匿名消費は私たちの数字の及びもつかぬものなのだ。

5 暴力・戦争・紛争

ここでは、人類が古来行ってきたゲームを見ることになる。戦争や紛争だ。このカテゴリーは私たちの捜査において、他の4つとは異なる役割を担っている。

戦争や紛争はあまりにもよく知られたゲームだが、最初の4つの分野を検証してからでなければ、それがキルスコアにどう関係するのかはおそらくわからないだろう。そのため、この犯罪小説の最後の現場でなされるはずの考察をここで先取りするのはやめておく。

なお、本当はつけ加えたかったのだが、以上のリストには含まれていない重要な問題がひとつある。抗生物質に対する耐性だ。私がこれをリストから外した理由を説明しておきたい。私たちにはもちろん、経済活動を通じて薬剤耐性を助長している集団的責任がある。しかも問題は深刻だ。２０２２年の最新の研究によれば、世界で年間最大１００万人の死が薬剤耐性に起因しており、この数字は今世紀半ばまでに10倍に増加する可能性があるという。

多くの人は抗生物質を熱心に求めているわけではなく、むしろ避けたがっていて、慎重に服用する傾向がある。それにもかかわらず、これだけの人が亡くなっている。もちろん、ベジタリアン以外のすべての人が肉食を通じて抗生物質に対する耐性を助長しているだろうが、それは数多くの要因のひとつにすぎない。ここで重要なのは、薬剤耐性は自然に起きる現象であり、一定の活動のくり返し（たとえば家畜の肥育）によって加速しているにすぎないということだ。この問題はどこかのカテゴリーに含められるかと思ったのだが、検討の結果、本書では取り上げないことにした。

キルスコアとは何か？

以上5つのカテゴリー——犯行現場——で今世紀末までに奪われる命を合計すると、10億人にものぼる可能性がある。これが本書のストーリーの基本線だ。死者数が多すぎると思うだろうか？　そのとおり、あまりに多すぎる。私たちには物事を変える力がある。殺人犯が気候であれ、廃棄物であれ、労働であれ、匿名消費であれ、そしてもちろん戦争や紛争であれ、前代未聞の大規模な虐殺を、黙って眺めていられるはずがない。だが、何もしなければ事態は変わらない。楽観的に見積もった場合でも、死者数は5億人程度にはなると推計されている。20世紀に起きた「ライフスタイルによる死」による全死者数に匹敵する規模だ。

5億という数字をほかとの比較で語るのは困難だ。そうした比較には複雑で倫理的なトレードオフが伴うからだ。これは、すべての死が平等ではないことを表現する凝った言い回しだ。たとえば、政府や国民が大量虐殺によって他の民族を滅ぼそうとするのは、私たちがコンピューターゲームのアイテムへの何兆回もの課金に参加することで無意識に死を生み出しているのと同じではない。

キルスコアは新しい考え方だが、その経緯と規模を把握するために、歴史上の事実をふたつ例に挙げたい。

まず、1933年6月のある晴れた日のドイツの人口を見てみよう。国勢調査によると当時のドイツの人口は6600万人で、そのうちユダヤ人は約50万人だった。仮にドイツの（被害者を除く）全国民にホロコーストの責任を割り振るとすれば、ホロコーストの犠牲者数［一般的にはユダヤ人だけでも600万人とされている］はドイツ人約10人につき1人となる。さらに第二次世界大戦（太平洋戦争を除く）における民間人と軍人の合計死者数（ホロコーストの犠牲者を含む）の責任をすべてドイツに押しつけ、発生したすべての死が「ドイツのせい」だと考えても、ドイツ人によって死に追いやられた人の数はドイツ人2人につき約1人と、思いのほか小さなスコアとなる。それに対して、現代のヨーロッパに生きる私たちが気候変動によって長期にわたって死なせる人の数は、どんなに低く見積もっても、ドイツ人がホロコーストや第二次世界大戦で殺した人の数を超える。

この計算を目にした読者の頭には大量の疑問が渦巻いているだろう。それについては次章で検討する。だが私が、よく考えもせずに、ホロコーストの責任をすべてのドイツ国民に等しく割り振るなどということをするだろうか。私の曾祖父《そうそふ》も、ヒトラーが権力を握る前夜に4歳になった私の祖母も、キルスコアはヒトラーと同じなどと言うだろうか。太平洋戦争を除く第二次世界大戦の犠牲者の死は100パーセントがドイツの責任で、スターリンのポーランド侵攻はささいな付随的事件にすぎなかったなどと考えるだろうか。

もうひとつ興味深い例がある。大英帝国だ。国家統計局によると、1851年のイギリスの人口は約2700万人だった。その7年後、英領インドの統治が正式に始まった。

あえていまだけ文化的ステレオタイプをもち出して言わせてもらうと、大英帝国は、数字の扱いにかけてはドイツ人にかなわなかった。ドイツ人はナチス政権下の残虐行為を綿密かつ狂信的に記録したので、私たちはそれがもたらした破壊を深く理解できる。だが、大英帝国による死者数は正確には把握できない。少なくともアカデミックな世界で通用する数字を挙げれば、イギリスの支配下にあった南アジア大陸だけで、およそ2000万~3000万人が亡くなっている。サハラ以南のアフリカや中東を加えると、数世代の人口を足し合わせて大英帝国の全人口を算出したうえで計算しても、イギリス人1人につき死者約1人というキルスコアがはじき出される。

次章以降で分析していくキルスコアは、これらの数値よりも正確で詳細な、意味のあるものになるだろう。また、過去の戦争のキルスコアは計算しないので安心してほしい。

前述したように、キルスコアは21世紀のための概念だ。本書でホロコーストのキルスコアを算出しないのは、加害者と被害者、傍観者と扇動者、兵士とレジスタンスの闘士からなるドイツ国民全員が過去と未来に負うべき責任を計算するのは、どだい無理な話だから だ。イギリスの貿易貴族にどんな責任を負わせられるのか。ナチス・ドイツの国家による計画的な殺戮とイギリスの搾取の副産物を、どう区別するのか。何百万人、何十億人という死者数は、私たちの脳の処理能力を超えた統計だ。ここではキルスコアというものの関係性と文脈と規模を大まかに理解してもらえればじゅうぶんだ。ここでホロコーストを引き合いに出したのは、災厄の規模を理解してもらうために必要だったからにすぎない。

責任はどこにあるか

次章以降で明らかになるように、計算すること《ビーンカウント》と責任を分配することは別物だ。その理由は少なからず、消費者、生産者、投資家の3人の役者が登場して、それぞれがばらばらに役を演じることにある。話がパート3に進んで裁判が始まると、私たちは複雑な法律的・倫理的問題に直面することになるだろう。

ここで早くも打ち明けるのはためらわれるが、「正しい」または「正確な」キルスコアや、ひとりひとりが負うべき責任についての「正解」は、おそらくどこにも存在しない。道徳、倫理、責任といったものはどれも、実際の殺人事件の現場に残された足跡とはまったく異なる。その足跡で私たちの痕跡は測れても、私たちの行動の動機や正当性は（そんなものがあるとすればだが）測れないのだ。

だが実際のところ、どうすればそういう足跡を発見し、たどれるのだろうか。さきほど私は「科学鑑定」という言葉を使った。私たちのまわりにあふれ返る犯罪ドラマやO・J・シンプソン事件を題材にしたネットフリックスの最新シリーズのおかげで、あまりにもよく知られた言葉だ。だが、よくある犯行現場でのそれとは違い、本書で必要となる科学鑑定は、「アトリビューション研究」と呼ばれるものだ。

映画『パルプ・フィクション』のポスターは、おそらく映画史上最も有名なポスターのひとつだろう。ミア・ウォレス役のユマ・サーマンが15センチのハイヒールを履いたまま、しわくちゃのシーツの上に寝そべっている。印象的な黒い前髪、なまめかしい表情、深紅の口紅、枕元の銃、そして左手には大衆向けの雑誌。もはや偶像だ。細部は思い出せなくても、30代以上の人なら誰でもこのポスターを思い出せるはずだ。

このポスターを見たことがある人は、ちょっと考えてみてほしい。何か私が言い忘れている特徴はないだろうか？

これを書きながら何人かの友人をランダムに選んで訊《き》いてみたところ、１９９０年以前に生まれた人のおよそ3分の2が覚えていた。あんなに小さなものがそれほど印象に残っているとは驚きだ。正解は、タバコだ。

タバコは映画史のいたるところに存在する。60〜70年代には社会的地位の象徴であったし、90年代に入るとタバコ広告の規制強化を受けたタバコ業界の積極的なマーケティング戦略によってより直接的に、スクリーンに頻繁に登場した。アメリカのタバコ会社R・J・レイノルズにいたっては、俳優にタバコを無償で提供することさえしていた。この問題については非常に有意義な研究結果がある。実は映画に登場するタバコの量は、タバコ業界が90年代にマーケティングに本腰を入れるまでは減りつづけていたという。言うまでもなく、ハリウッドは手っ取り早く儲《もう》けるチャンスに気づいていなかったのだ。

悪者をやっつけてくれるヒーローやヒロインの登場を期待したくなるところだが、この世は「こいつが悪者だ」と名指しでき、その悪者を退治しさえすれば安心して暮らせるなどという、単純な場所ではない。

そこで助けになるのが科学の力だ。科学は、世の中のさまざまな物事のあいだに存在する因果関係と関連性、つまり「誰に責任があるのか」を明らかにする役割を担っている。たいていの場合、そういう因果関係は入り組んでいたり、表に出てこなかったりするものだ。研究によれば、映画の喫煙シーンを目にした人がタバコに手を出す可能性は、目にしていない人の3倍以上になるという。驚くほど強い因果関係だ。さらに言えば、13歳の平均的な子どもが映画で喫煙シーンを観《み》ると、その後タバコに手を出す割合が、それ以前の5パーセントから25パーセントに跳ね上がる。

科学的な発見を再現できないケースはごまんとあるようだが、いま述べた結果は、条件の異なるドイツなどでも確認されている。だが、そうした研究が語っているのはこの話の一面にすぎない。批判しているのではない。事実を述べているだけだ。では、映画の喫煙シーン以外に、どんな社会条件が影響しているのだろうか。そしてタバコに手を出した子どもはどれほどの期間、喫煙を続けるのだろうか。その責任は誰に「帰属《アトリビュート》」するのだろうか。『パルプ・フィクション』でミア・ウォレスを演じたユマ・サーマンか、監督のクエンティン・タランティーノか、映画会社か、それともタバコ会社か？　候補は多数にのぼる。『パルプ・フィクション』のポスターについて尋ねたとき、実は回答者のほとんどが、ポスターそのもののことはそれほど詳しく覚えていなかった。みな、想像の中でミア・ウォレスの手にタバコを持たせただけだったのだ。あのシーンで彼女が手にしていそうなものといったら、ほかに何があるだろう？　飲料水のボトルぐらいだ。実際、ポスターも映画も見ていないのにタバコと言い当てた回答者もいた。タバコは文化なのだ。

文化が習慣や行動に影響を与えることは学術的な研究がなくても想像がつくが、そういう研究も実際にある。だが、文化を促進するのはビジネスだ。１９９０年代のハリウッド映画に喫煙シーンが増えたのは、偶然ではない。さらには私たち個人の行動も、行動に影響を与える文化の一部だ。社交の場で、誰かにもう一杯飲むよう勧めて同調圧力をかけたことはないだろうか？　答えがイエスなら、あなたも文化をつくっている。

アトリビューション研究

キルスコアを科学的に算定するには、社会科学と自然科学との両方が必要だ。社会科学研究のおかげで、私たちは文化を、そして意思決定にかかわる行動誘引因子の役割を理解できる。それによって、ある結果に対する「社会的責任」の説明が可能になる。

そして、もうひとつ必要なのが自然科学で、なかでもとりわけ大きな役割を果たすのがアトリビューション分析の最新研究だ。

まず、アトリビューション研究の概念を説明するべきだろう。この科学については、実は意外なほどさまざまなところで耳にしているはずだ。アトリビューション研究の世界で最もよく知られているのが、少し長めのコーヒーブレイクにまつわる話だ。

1961年のある日、アメリカの数学者にして気象学者でもあるエドワード・ローレンツは少し長めのコーヒーブレイクをとった。正確に言えばその時間は1時間だったが、そのあいだ、彼は初期のコンピューターに予測計算をさせていた。1960年代のコンピューターが計算を始めたら、それと同時並行でやれることはあまりなかった、というのがエドワードの言い分だ。当時のコンピューターはMacBookではなかったのだから、無理もない。エドワードは休憩の前に数字を入力しておいたが、ある数字の小数点以下、最後の3桁だけは入力し忘れて席を立った（コーヒーが待っていたからだ）。そのわずかな差異（エドワードが入力したのは0・506127ではなく0・506だった）の結果として、席に戻ったときには、コンピューターは劇的に異なる結果をはじき出していた。

「バタフライ効果」とは、蝶《ちょう》の羽ばたきのような、取るに足らないことがめぐりめぐって竜巻を起こすことをいう。この言葉には詩的なイメージがあるが、実際に蝶が竜巻を起こすわけではない。この理論においては細部が誇張されすぎであるという証拠も、量子化学の分野では次々に見つかっている。

とはいえ、はっきり言っておくが、私たちの個々の行動は、現在私たちが生きている世界全体を変えるきっかけとなりうるし、世界の変化は個々の行動の帰結だ。ここではただ、蝶の羽ばたきが直接的にそうした変化を引き起こすわけではないと言っているにすぎない。

そう。私たちは変化を引き起こしている。少なくとも本書で取り上げる分野では、その影響を測定する能力が徐々に向上している。私たちのどんな行動が死を引き起こしているのか。それを特定することが、キルスコアを理解する第一歩だ。アトリビューション研究は、私たちを犯行現場へと導いてくれる。

アトリビューション研究は一見、退屈で難しく、とっつきにくく、抽象的な確率計算の中に埋もれているように見えるかもしれない。気候変動を信じている人のうち、実際に気候変動に関する研究書を読み、理解したと胸を張って言える人がどれだけいるだろうか。たぶん、そう多くはないだろう。そして私に言わせれば、そんなことをする必要はない。解熱鎮痛剤を服用するのに薬の研究書を読む必要がないのと同じだ。だが、車がどんな仕組みで動いているのかを理解し、車のボンネットを開けてエンジンまわりを確認するぐらいのことはしなければならない。仕組みを理解すれば、私たちが環境にかけている負荷を把握するための土台となるだけでなく、その負荷の結果として現実の世界で何が起きるかも理解できる。

あとで詳述するが、アトリビューション研究はすでに法廷でも、被告が環境に及ぼした影響に見合う量刑を判定するのに利用されている。この科学の質と徹底レベルの向上が、損害賠償の決定や政治的な意思決定に影響を与え、私たちの個人的な選択にも間接的に影響しているのだ。

「ロシアンルーレット」型のアトリビューション

死因の特定のために犯行現場を捜査する場合、使えるアトリビューション分析の手法はふたつある。「ロシアンルーレット」型と「千の切り傷による死」型の2種類だ。本書のテーマにふさわしい、これらの呼称で説明しよう。

ロシアンルーレット型の研究者は、リボルバーの薬室に弾丸がいくつ入っているかを解明しようとする。知らない人のために説明すると、ロシアンルーレットとは、複数の薬室のいくつに弾が入っているかわからないリボルバーを頭に当てて、引き金を引くゲームだ。通常は6つの薬室のどれかひとつにだけ、弾丸1発が装塡《そうてん》されている。そこへ誰かがやってきて弾丸を5発追加したとする。その銃の引き金を引いた人は当然ゲームに負け、負けたのは5発の弾丸を追加した人のせいということになる（この場合、そもそもそんなゲームに応じた人も非難されるべきだが、それはまた別の問題だ）。アトリビューション研究の世界で扱われるのは、薬室の数が6ではなく100万のリボルバーだ。そして、弾丸が1発入っていたところに、誰かが99万9999発の弾丸を追加しようとする。賭け率が違うのだ。

ここ数年のロシアンルーレット型のアトリビューション研究で最も興味深いのが、日本の気象庁気象研究所の今田由紀子《いまだゆきこ》を中心に行われた研究だ。この論文は（カクテルパーティーでの気楽な会話とまではいかないが）驚くほどわかりやすく書かれているので、詳しく知りたければネットで閲覧することをお勧めする。今田らが行ったのは、2018年に日本を襲い1000人以上の死者を出した熱波についての分析だ。同年7月、分析対象の927カ所の気象台で35℃以上の気温が6000回以上記録された。論文が問題にしているのは、この熱波が人間の活動に起因する気候変動なのか否かだ。どうやってそれを解明したのだろうか。

今田らは気象をシミュレートするコンピューターをつくり、3つのインプットを行った。第1に、大量の過去の気象データだ。これは実証的なデータであり、薬室に弾丸がいくつ入っていたかを示す強固な基盤となる。

次に、気象を左右する要因に関する豊富な情報を入力した。気温の変化と並行して起きる空気の動きなど、入手できたすべてのデータだ。

最後に、実際の天候と枠組み条件との関係を計測して、さまざまな気象を「シミュレート」するための計算式やルールを開発した。

フライトシミュレーターを思い浮かべてほしい。フライトシミュレーターは、風、気温、高度、重量、バランスなどのさまざまな要素を考慮する。人間も介入するので、気象シミュレーターのたとえとしてはぴったりだ。フライトシミュレーターは変化する条件下で生じるさまざまな結果を検証するのに役立つ。アトリビューション研究の仕組みもこれに似て、さまざまなシナリオをシミュレートできる。

2018年夏の熱波に関して日本のアトリビューション研究者がしたことも、基本的には同じだった。この年の7月に起きたことを検証するために、気象シミュレーターで5000通りの日本の夏をシミュレートしたのだ。シミュレーションは、気候への人間の影響がない世界と、気候変動が観測されている世界の両方で行われた。このシミュレーションからわかるのは、7月の1カ月間に35℃以上の気温が927カ所の気象台で6000回以上観測されるという事象が起きる確率だ。温暖化のない世界（もちろん空想の世界だ）では、その確率は0・003パーセントだった。一方、温暖化した世界（私たちが生きている現実の世界だ）では、その確率は約19・9パーセントだった。

これは何を意味するのだろうか。反論に応えるかたちで考えてみよう。

まず、2018年7月のような熱波は、厳密に言えば地球温暖化がない世界でも起こりうるという反論がありうる。だが、それが起こる確率は3万年に一度だ。

次に、日本全国を襲った熱波が、ここでは100万回にのぼる観測の個々の記録としてではなく、単一の事象としてひとくくりに語られているという反論もあるかもしれない。

だが、2018年の夏に35℃以上の気温が観測される回数は、6000回にのぼる確率よりも1000回にとどまる確率のほうがはるかに高かったことは明らかだ。どの年の夏であれ、気象台が気温35℃以上を記録しても、たしかに不思議はない。だが2018年7月は、その頻度と規模が衝撃的だったのだ。

最後に、ここではある事象が発生する確率が検証されているだけで、人が屋内にとどまったか否か、水分補給をしたか否かといった反応が考慮されていないという反論もありそうだ。これは難しい問題であり、難しくないと言ったら無責任だろう。なぜなら、蝶がいなくても竜巻が発生するように、人間がいなくても気候変動や雪崩や洪水は起こりうるからだ。だが、そういう反論は個々の事象に対しては有効かもしれないが、気候変動という、より広範なダイナミクスを語れるものではない。今田らの論文は、人間の活動がなければあの夏の熱波は起こらず、多数の死者も出なかったということを示す圧倒的な証拠であり、その証拠は他のケースで要求されうるあらゆる立証基準を満たしている。

ロシアンルーレットのリボルバーに話を戻そう。気候変動以前、私たちの薬室数3万のリボルバーには、弾丸1発（日本の熱波1回分）がこめられていた。だが気候変動後は、弾丸の数は6000発に増えている。私たちは疑似ロシアンルーレットを本物に変えてしまったのだ。3万の薬室に6000発の弾丸といえば、ロシアンルーレットの6分の1とほぼ同じ確率だ。

「千の切り傷による死」型のアトリビューション

ロシアンルーレットの暗い話はこれくらいにして、アトリビューション研究の第2の考え方に話を進めよう。この考え方を最も雄弁に語ったのは、おそらく元米司法長官のロバート・F・ケネディだろう。社会的・政治的力学の中にバタフライ効果に相当するものがあるのに気づいた彼は、ケネディ家の一員として、またアメリカ人として、大災害にではなく、世の中によい変化をもたらすことに関心を向けた。1960年代に南アフリカのケープタウンを訪れ、学生たちを相手にアパルトヘイトに抗議する演説をした際、彼は潮流のイメージを使って次のように呼びかけた。「人が理想のために立ち上がり、他人の権利を守るために闘うたびに、そこから希望のさざ波が広がる。さざ波は100万のエネルギーの中心から広がって互いに交差し合い、やがてひとつにまとまって潮流になる。抵抗と圧迫の強大な壁を打ち破る、大きな潮流に」。この演説はロバート・ケネディの演説のうち、キング牧師の追悼演説に次いで重要とみなされていて、ここに引用した言葉は彼の墓石にも刻まれている。

ロシアンルーレット型のアトリビューション研究は、通常、Xが特定の事象Yを引き起こしたのか否かという、マクロな因果関係の立証を目指している。気候変動がなくてもその熱波は起きたのか、気候変動がなくてもこのハリケーンはこれほどの強さだったのか、この引き金を引くと自分は死ぬのか、といったものだ。確率を使ってさまざまな要因を考慮できるこのアプローチは、少なくとも気候変動の分野ではしばしば、こうした二元的なシナリオを想定する。しかし私たちは、結果にはほんの少ししか関与していないほうの要因に、より大きな関心をもつことがある。そういうときに役に立つのが第2の型のアトリビューション研究で用いられる「寄与割合法」だ。これは基本的には、個々の「さざ波」が壁を打ち破るのに果たした功績（あるいは壁を打ち立てた責任）の割合を問題にする。この型のアプローチは気候変動に関する議論にもたびたび登場するが、本書でも扱う社会的殺人とのほうが相性がいい。

　複数の要因という概念を説明するよいたとえがある。中国の拷問法「凌《りょう》遅《ち》刑《けい》」がそれで、欧米では「千の切り傷による死」という別名で知られている。

　別名が示すとおり、凌遅刑は生きている人間から肉を少しずつ切り落とし、ついには死に至らしめる拷問法だ。そう頻繁に使われたとは考えられないが、身の毛のよだつようなこの技術は、1000年ものあいだ中国に伝わっていた。必然的に、凌遅刑には致命傷となる「最後の切り傷」が存在する。だが、「死の原因はこれだ」と言える特定の切り傷は存在しない。また、死に至るまでの切り傷のどのひとつを省いたとしても、結果は変わらない。逆に言えば、死という結果は切り傷の合計によってのみ現実となる。

寄与割合法は、この現象を把握しようとするものだ。仮に1000人の人間を凌遅刑で拷問するとしよう。毎回異なる切り方で、しかし同じ順序で、同程度に痛くて有害な切り傷を与えていき、1000回切ったところで全員が死に至るとする。この場合、どのタイプの切り傷も、それぞれ1人を殺したことになる。これが寄与割合法の中心的な考え方だ。つまりこのシナリオで言えば、たとえば肩から肉をそぎ取ってできる切り傷ひとつが0・001人の死に寄与することになり、それを1000回くり返せば人間が1人死ぬ計算になる。

先ほど紹介した、喫煙に関する研究に戻ろう。論文はトッド・ヘザートンとジェームズ・サージェントという米ダートマス大学のふたりの研究者によって、2009年に発表された。彼ら（というか、おそらくは研究助手か下請けの調査会社）は無作為に選んだ10歳から14歳までの少年少女6522人を対象に電話によるアンケート調査を行い、映画館へ足を運ぶ習慣、自身の性格、両親、生活環境などに関する多数の質問をした。そしてその回答をもとに、映画で喫煙シーンを目にすることと喫煙との相関関係を調べた。

くり返しになるが、この研究により、13歳の子どもが映画や映画館で喫煙シーンを目にすると、喫煙の確率が5パーセントから25パーセントに上昇することが判明した。この結果に寄与割合法を適用すると次の計算が成り立つ。映画や映画館での喫煙シーンとの接触頻度が高い13歳の子どもが100人いるとすると、そのうちの25人が喫煙に手を染めると予想される。うち5人は映画を観なくてもどのみち喫煙していただろうから、映画が出した「さざ波」に巻き込まれるのは25人のうち20人だ。この20人は映画によって死ぬことになる（わかりやすくするために、喫煙者は100パーセント、タバコが原因で死ぬと仮定する）。よってこの責任計算による映画のキルスコアは20となる。

ここで、喫煙者のうちタバコが原因で死ぬ人は5割しかおらず、さらに不健康な食事という別の死因も寄与していると仮定してみよう。その場合、25人の半数の12・5人が死亡するが、そのうち2・5人はどのみち喫煙によって死亡する。そこで差し引き10人の死が映画や映画館やテレビ番組で見た喫煙シーンに起因することになる。だが、不健康な食事というもうひとつの死因もある。10人の死因に喫煙だけでなく不健康な食事も含まれているとすれば、何らかの方法でその分を、映画に起因する死者数から差し引かなければならない。不健康な食事が原因で死ぬ人が100人中平均3人いると仮定すると、映画のキルスコアは7となる。

もう一度数字を確認してみよう。この架空の例では25人が喫煙し12・5人が死亡する。映画がなくてもどのみち2・5人は喫煙で、3人は不健康な食事で死亡するのだから、映画による死者数は7人だ。

おわかりだと思うが、この計算はあっという間に、かなり複雑になってしまう。だが、それでかまわない。そういう複雑な計算をするために、賢い研究者がいるのだから。

責任の分配基準

ここまで述べてきたのは、誰かがしたことの責任の所在をいかに科学的に明らかにするかという問題だ。だが、よく言われるように、コインには表と裏の両面がある。誰が何をすべきだったかという問題がまだ残っている。科学は世界に影響を与えているのが誰なのかを教えてくれるだけではない。世界を変革する責任が誰にあるのかも教えてくれるのだ。そもそも、このふたつは同じではない。

プラスチックごみによる環境汚染の例で説明しよう。私たちが社会全体で年間100トンのプラスチックごみを出していて、この数字を2050年までにゼロにするという目標を掲げたとする。変革という意味ではもちろん、2050年には世界中どこでも等しく、ゼロになっていなければならない。だが、そこに至る過程にはいくつもの段階がある。全員が同じスピードで削減しなければならないのだろうか。各段階における汚染の「権利」は、どれだけ残っているのだろうか。

企業や金融機関はいままさにこの問題に直面しており、市民社会から変革を迫られている。誰がどれだけのスピードで変革する必要があるのだろうか。

幸いビーンカウンターが、その答えとして4つの選択肢を用意している。簡単に紹介しよう。

選択肢その1――すべての人が等しく負う

企業は市場シェアのみに基づいて重みづけされた変革の責任を負い、その他の基準は適用されない。このアプローチの特徴は、シンプルで洗練されていることだ。重みづけと平等のための他の基準が適用されないのは、他の基準が間違っているからではなく、そうした基準を適用するための公平で透明性のある方法が見当たらないからだ。

選択肢その2――経済的効率性を基準とする

最も効率の悪い企業活動が、最初に変革の責任をとる。そこから効率性の低い順に責任をとっていき、最後に変革が求められるのは最も効率的な企業活動ということになる。つまりプラスチックごみの場合、最も非効率的な工場が最初に閉鎖され、最も効率的な工場が最後に閉鎖されなければならない。この経済的な論理は納得がいくし、実際の変化もおそらくこのシナリオに沿ったものとなるだろう。問題は、この論理の基礎となる測定が必ずしも容易ではないことと、この考え方は経済以外の視点を欠いていて、政治的・社会的に重要な要素が考慮されないことだ。

選択肢その3――経済的、社会的、政治的な要素を考慮する

変革の責任を考えるにあたり、できるだけ正確に現実の世界を反映しようとする考え方だが、さまざまな要素の重みづけや測定が非常に主観的となりうるので、どうしても不透明になる。真実という祭壇の上で、透明性とわかりやすさが犠牲になっているわけだ。このトレードオフを、すべての人が望むとは限らないだろう。

選択肢その4――歴史的責任に応じて決定する

この考え方では、最も多くの廃棄物を出した者が、さらなる汚染の権利を最初に失うことになる。一般的なところでは、気候変動交渉で先進国と途上国が負担を分担する際に適

用されているのがこの論理だ。だが、企業や金融機関の世界ではこの考え方は通用しない。理由はいくつも考えられるが、最も合理的な理由はおそらく、歴史的な責任というものは政治的な概念なので、非政治的なビジネスの世界には馴染《なじ》まないことにあるのだろう。

どの選択肢を選ぶべきか決められない人は、プラスチックごみ削減の問題にも似た、次の問題を考えてみてほしい。気候変動対策として、石油の生産を終了しなければならないと仮定してみよう。最後の1バレルの石油生産は、誰に許されるべきだろうか。

選択肢その1を選んだ人は、「よし、最後の1バレルの3分の1か4分の1、あるいは100分の1ずつを、みんなが生産すればいい」と言うだろう。公平な分配だ。

だが、選択肢その2を選んだ効率性重視派は、「そんなのはあまりに非現実的で不経済だ。サウジアラビアかイランにその権利を与えよう。政治的には不愉快かもしれないが、そうすればエネルギーを安く得られるのだから、われわれにとってもよいことだ」と言う。結局、現実はそういうふうに動いているのだ。

ところが、選択肢その3のグループが「そんなにあっさり決められない」と口を挟む。「石油生産を効率性だけで見れば、エネルギー自給という政治的目標を無視することになる。ウクライナ戦争もあって、エネルギー自給はわれわれの重要な関心事だ。そのうえ効率重視の見方は、社会問題や石油産業における雇用の先行き、戦争資金などを度外視している」

一方、選択肢その4のグループは「歴史の評価なしには答えられない」と言う。だが前述したとおり、彼らは政治権力の外ではほとんど役に立たない。

もちろん、選択肢はこれ以外にも考えられるだろう。だが、この4つはこの問題に対する人々の見方をほぼカバーしており、この4つを微調整したものがさまざまな場面で適用されている。その意味で、この4つは象牙の塔の思考実験ではなく現実のものだ。経済効率主義はある意味、効果的利他主義の概念を反転させたものとも言える。効果的利他主義が最も効果的な善行の方法や資源の流れを考えるのに対し、経済効率主義は最も効果的な害の減らし方を考えるものだからだ。

だが、どの選択肢が最適かを決めるには、科学的な基準だけでは不十分だ。この問題には間違いなく、個人の責任や行動の倫理など、道徳的な要素が含まれている。

インドの経済学者アマルティア・センの著書『正義のアイデア』〔明石書店、2011年〕に出てくるフルートの話を少しアレンジして、この問題を考えてみよう。あなたは王室の寵愛《ちょうあい》を分配するための（架空の）委員会に所属している。女王は重病で床についていたが、寝室で魔法のフルート協奏曲を聴いたおかげで回復した。あなたは女王から、お礼として金貨1枚を与えるよう命じられる。受取人の候補は3人いる。フルートをつくったマリア、フルートを演奏したソフィー、マリアがフルートをつくる材料費とソフィーがフルート演奏を学ぶ教育費を負担したジョセフィーヌだ。金貨は誰に与えられるべきだろうか。

これは一見、楽しい任務だが、贈り物に不公平はつきものだ。最悪の場合は、誰かに与えるべき利益を不当に奪うことになる。そしてもちろん、キルスコア算出の責任を負う場合、割り振らなければならないのは健康を与えてくれたことへの感謝の贈り物ではなく、健康を奪う選択をしたことに対する責任だ。そこに難しさがある。

責任を割り振るためには、犯行現場の検証が必要だ。さらにはこれまでに紹介してきた道具を使って、フットプリントとそれを残した張本人とに迫らなければならない。

説明も前置きも、もうじゅうぶんだろう。最後にもう一度、シェイクスピアを引用して章の締めくくりとしよう。「太鼓はラッパに、ラッパは外の砲手に伝えよ。『王がハムレットに乾杯する』と。大砲は天に響き、天は地に響きを返すだろう。さあ、始めよう。審判はしっかりと見ておくように」

パート

2

犯行現場

3 炭素排出と気候危機 第1の現場

気候変動が死を招く仕組み

2018年7月、愛知県豊田市の6歳の少年を、歴史に残る悲しい事件が襲った。少年は校外学習のため午前中を和合公園で過ごしたあと、梅坪小学校に戻ってから教室で倒れ、その日の午後、熱中症で亡くなった。校外学習の目的は昆虫採集だった。少年には健康上の問題は何もなかった。のちに今田が「気候変動の影響による」と明言した、あの熱波の犠牲になったのだ。この7月には、少年以外にもおよそ1000人が熱中症で亡くなっている。この人たちの死は「明らかに気候変動を原因とする死」の最初の事例だ。

人間の経済活動が気候を変化させていることに最初に気づいたのが誰なのか、その鑑定の結果は——科学鑑定の技術と違って——まだ確立されていない。１８２４年にフランスの物理学者ジョゼフ・フーリエが大気と気候の関係を指摘したのが、私たちが気候変動と温室効果ガスとの関係に気づいた最初の証拠だとする人もいる。また、１８８２年12月に『ネイチャー』誌に掲載された手紙には、イギリス的な控えめな表現で「大気汚染の増大は世界の気候にかなりの影響を与えると結論づけられるだろう」と書かれている。イギリスのストークスリー出身のＨ・Ａ・フィリップスという紳士が書いたとされるこの手紙はしかし、『ネイチャー』の読者をむしろ安心させた。それ以前に出ていたこの上なくショッキングな言い回しの「大気中の二酸化炭素量の増加により、すべての動物は１９００年までに絶滅する」という予測に反論するものだったからだ。

それから１４０年たったいま、私たちの知るかぎりでは「二酸化炭素」によって地球上の動物が全滅するまでに残された時間は、あと数十年か、ひょっとしたら数百年はありそうだ。だが私たちはよく知っている。人類が引き起こした気候変動が、全滅とまではいかなくても、地球上の生命の大半に存続の危機を突きつけていることを。そして、その生命には人類も含まれていることを。

ところで二酸化炭素は、実際にはどういう仕組みで生物を死なせるのだろうか。できるだけわかりやすく説明してみよう。

私たちは毛布に包まれ、ランプに照らされたボールの上で暮らしている。地球がボールで太陽がランプ、毛布は大気だ。ランプはボールに熱と光を伝える。熱と光はボールに反射し、空間（宇宙）に戻っていく。戻る度合いはボールを包んでいる毛布（大気）に応じて変わる。毛布は、私たちの周囲にある目に見えない気体が集まってできたものだ。毛布のラベルには、窒素78パーセント、酸素21パーセント、アルゴン0・9パーセント、その他の気体0・1パーセントと書かれている。

ここに、まとめて温室効果ガスと呼ばれる素材（気体）がある。これは0・1パーセントの「その他の気体」に含まれる。私たちがいましていることや産業革命以来ずっとしてきたことは、太陽と地球のあいだにある毛布に、より多くの温室効果ガスを織り込むことにほかならない。つまり私たちは毛布の材質を変えつづけていて、その結果、毛布はどんどん温まり、以前より多くの熱を閉じ込められるようになった。ふつうの毛布もどれだけの熱を閉じ込められるかで温かさが決まるが、それと同じだ（偶然だが、このたとえは毛布の仕組みを学ぶのにぴったりだ）。これが気候危機である。

ランプに照らされたボールを包んでいる毛布は本物の毛布と違い、恐ろしいことに、素材の組成のわずかな変化にも驚くほど敏感だ。過去80万年ほどのあいだ、二酸化炭素の割合は0・02パーセントから0・03パーセントのあいだで推移してきた。この割合が0・

０５パーセントになると（まさにいま起きていることだ）、毛布に包まれたボールの温度は約２℃上昇する。「わずかな変化が劇的な結果をもたらす」ことはすでに説明したが、気温のことはいったん忘れて毛布の下の人体を想像してみてほしい。２℃の温度差は、発熱した人としていない人の体温の差に等しい。そして、今後私たちがたどるかもしれない道の先には、体温が平均より４℃高い体が待っている。致命的なリスクだ。

　つまり、これが気候変動の仕組みだ。私たちは毛布の素材を変えつづけ、その結果、毛布はランプの熱をより多く取り込むようになり、私たちは茹《ゆ》だっている。地球（ボール）もこの現象に反応している。具体的に言うと氷河を溶かし、氷河につながる海面や水路の水位を上昇させていて、それが洪水と土地の消失につながっている。平均気温は明らかに上昇しており、そのせいで熱波が頻発する。氷に閉じ込められていた温室効果ガスが大気中に放出されることで、大気の変化がさらに増幅されるという悪循環も生じている。毛布の中に織り込まれた温室効果ガスは、まるでウイルスのように自己を複製する。火災も増えている。地域間の大きな気温差が強い風と嵐を引き起こし、降水量の分布を偏らせる。こうしたすべてのことが人を死に追いやっているのだ。私たちは溺れ、（文字どおり）燃え、干上がり、以前の快適さを失った世界で、全体として貧しくなっていく。

影響を予測する難しさ

世界保健機関（WHO）の推計によると、気候変動は現在、年間15万人以上の死因となっている。[8]それでも年間の総死者数に占める割合は300分の1にすぎない。だが、今後は劇的に増える。悲観的な予測によれば、気候変動に関連した死亡者数は今後20年で年間100万人に達し、2080年には500万人を超え、今世紀末には年間1000万人近くになると見込まれている。この予測に基づけば、今世紀末には亡くなる人の10人に1人が気候変動によって死ぬことになる。この数字を筋道立てて考えるために、1章での議論を思い出してほしい。サッカースタジアムを例にとり、死因について書いた部分だ。あれに当てはめれば、22世紀初頭には気候変動は単独で、結核、自殺、殺人、医療事故、交通事故、飲酒、ドラッグ、肺がん、てんかん、肺炎、インフルエンザをすべて合わせたより多くの早死にの原因となる。

もちろん、反論する人もいるだろう。そんな予測は、気候変動による被害のほとんどを軽減不可能なものと仮定した、悲観的な予測にすぎないと。だが「最も楽観的なシナリオ」においてさえ、気候変動が世界の死因に占める割合は現在のイギリスにおける肺がんのそれとほぼ等しく、総死者数の約2パーセントにのぼると見込まれている。ただしこの楽観的なシナリオは、私たちが力を合わせて対策に取り組むと仮定したうえでの「穏健」な予測だ。

ここでふたつの事実を認めなければならない。ひとつは、こうした予測が信じがたいほど不確実なこと。もうひとつは、私たちの生活のどこにでも浸透している気候変動を「死因」と断定することの困難さだ。世界銀行は、2030年までに1億人以上が、気候変動だけを原因とする極貧状態に追い込まれると推計している。だが、死亡診断書の死因欄に「極度の貧困」と書かれる人がそのうち何人いるだろう。「気候変動」と書かれる人の数は？気候変動を原因とする物語を綴《つづ》ったら、そこには移住とその代償、資源をめぐる政治的対立、文化資本の破壊のすべてが描かれることになるだろう。しかし気候変動による死者数の推計のほとんどは、暑さや気象現象などの個別のリスク要因に焦点を絞ることでこの困難さに対処しようとしている。そのため「死者数の予測」は正確には気候変動による死者数ではなく、気候危機に伴う個々の要素のそれぞれが死者数にどう影響するかを予測するものとなっている。

温室効果ガス1000トンで死者1人

この不確実さのせいで、たとえば温室効果ガス1トンが排出された場合の死者数を明確に定量化する方法はない。だが、推計値はある。コロンビア大学地球研究所のダニエル・ブレスラーは『ネイチャー』誌に発表した論文で、「現時点で排出された場合、未来において1人の死者を出すことになる温室効果ガスの量」を、楽観的に見て4434トン、最も悲観的に見た場合は1500トンと推計している。一方、プロローグで紹介したリチャード・パーンカットは、その中央推計値を約3500トン、悲観的な推計値を1000トンとしている。本書では気候変動に関するこの章に限って悲観的な推計を採用し、「1000トンで1人」と考えることにする。

これにはいくつかの理由がある。まず、いま引用したブレスラーの推計は信じられないほど保守的だ。高温による死のみが考慮され、自然災害（洪水、台風など）による死や、移住、病気、貧困からくる副次的な影響による死は含まれていない。熱中症による死だけをとっても、悲観的な推計値は1000トンに迫るにもかかわらず。次に、ブレスラーの推計は2100年で終わっている。気候変動による死は、今後何世紀にもわたって人間の生活につきまとうにもかかわらず。ことの不確実性を考えると、ブレスラーがさらに長期にわたる推計をためらったのは無理もない。だが、その結果として私たちが算出するキルスコアが極端に保守的に傾くことには注意が必要だ。私は通常は保守的な推計値を採るよう心がけており、極端な数字を使うことで本書の信頼性を損なうことも避けたい。しかし、ここで保守的な数字を採用するのはあまりに無謀だと感じる。そこで、ここではパーンカットの悲観的なシナリオの1000トン（いま述べた諸条件を考慮すれば、これはブレスラーの推計範囲内に収まる）を採り、出発点としたい。

計算を簡単にするためにも、まず1000トンルールを採用し、念のため、より保守的に見積もった場合の数値も確認していく。その結果、死者数の推計値が多くなりすぎる可能性はある。だが、むしろ少なくなりすぎる可能性もあるわけだ。

1000トンルールを使うことにはもうひとつ「利点」がある。このルールに従えば、イギリスあるいはドイツに住む長生きの人が一生涯に排出する温室効果ガスの量と、人間を1人死なせる温室効果ガスの量とが、ほぼ一致するのだ。1人あたりの生涯炭素排出量を平均して年間約11トンとし、平均寿命の82歳まで生きると仮定すると、生涯の総排出量は902トンとなる。もう少し長生きするか、または飛行機に乗る回数を平均的な人の数倍に増やすかすれば、すぐに1000トンの大台に乗る。

これが意味することの重大さをかみしめてもらいたい。一生涯にわたる消費行動の選択を通して、あなたは気候変動に加担し、自分1人で約1人の人間を死なせている。それがたいしたことではないと思うなら、銃を買って人を1人殺すのにどれだけの決意が必要か考えてみてほしい。実行したとしたら、自分のことをどう感じるだろうか。しかし、それこそまさに、カーボンフットプリントを通していまあなたがしていることなのだ。

個人のカーボンフットプリント

あなたの一生涯の消費選択のいったい何が、どれだけの温室効果ガスを排出するのだろう。言い換えれば、どんな行為がどれだけのカーボンフットプリントを生み出すのだろう。当然ながら、それはライフスタイルによって異なる。商品やサービスのフットプリントを分析する「ライフサイクル分析」と呼ばれる科学が進歩しているにもかかわらず、その数値もまた、かなりの不確実性に包まれている。最終的に何を計算に入れるべきかさえ定まっていない。消費選択によるフットプリントを考える場合、考慮すべきは消費した金額だけなのか、それとも消費にあたって利用した公共インフラ関連のフットプリントも加えるべきか。さらに、政府に納める30〜40パーセントの税金はどうするのか。税金も算入すべきなのだろうか。

2013年に開かれたサステナビリティー関連のカンファレンスで（それは私が出席した初めての大規模カンファレンスだった）、非常に情熱的な人物と議論したのを思い出す。その人は、ウエイターに渡したチップに関連するカーボンフットプリントと、そのウエイターがチップを使った結果として生じたカーボンフットプリントとの両方を計算に入れるべきだと私に迫った。ここでその議論を蒸し返すつもりはない。ただ、認めるが、どんなに極端な話に聞こえようと、私には、あの人の言ったことに何がしかの真実が含まれていたように思えてしかたがないのだ。その真実が何なのかは、わからないが。

そこで、ある実例をもとに考えてみよう。ドイツ連邦環境庁によると、ドイツ国民1人あたりのカーボンフットプリントは年間約11・2トンだ。国によってこの数値は異なり、韓国では13・5トンにのぼる一方、ギリシャではおそらくもっと低い。計算が簡単になることもあり、ここではドイツの例を採用する。さらには端数を少しばかり（ただしやりすぎないように）丸めて、ショットグラス10杯分のテキーラにたとえて考えてみよう。

最初の1杯目は身の回りの公共インフラだ。これは入場料のようなもので、それに関してはできることはあまりない。酒場に入る（この場合はドイツに住む）だけで、誰でも1杯は飲むことになる。

2杯目と3杯目は、住宅に住むことと暖房を使うことで消費される。壁のセメントも、しゃれた家なら鉄鋼も、ある程度の温室効果ガスを排出している。だが、最大の排出源は暖房だ。つまり、ドイツに住んで平均的な生活をするというただそれだけで、10杯のテキーラのうち3杯を飲み干したことになる。

次に食事だ。食事はショットグラス4杯目と5杯目の半分にあたる。あなたの全フットプリントのうち15パーセントは、日々口にするものから排出されている。住宅内で消費される個人用の電力は5ショット目の残り半分にあたり、これで10杯のうち5杯分を飲みきった。照明とコンセントを備えたドイツの家に住んで食事をするだけで、10杯中5杯分の温室効果ガスを排出していることになるのだ。

あなたにはどうすることもできない問題だと言っているのではない。生まれる場所を選ぶことはできないが、ゼロカーボンの素材で家を建て、再生可能エネルギーを使って暖房することはできる。ビーガン食を実践してもいい。ビーガン食はカーボンニュートラル［温室効果ガスの排出量から吸収量と除去量を差し引いた合計がゼロであること］とまではいかないが、排出量が大幅に少ない。電力も再生可能エネルギーで賄える。あなたにもできることは多々あるということだ。だが、10杯のテキーラのうち半分までが、暖房、食料、インフラ、照明（それにネットフリックス）など人間生活の基本的なニーズと関係していることは覚えておきたい。

テキーラの6杯目と7杯目は「移動」だ。あなたが移動する際に使う、車、飛行機、電車から排出される温室効果ガスのすべて（徒歩と自転車で移動する場合を除くが、もちろん、その分のエネルギーは食事に反映される）がここに含まれる。

テキーラの最後の3杯は、あなたが購入するその他の物品、たとえば衣服や電子機器や家具などだ。7杯目までに含まれなかったものは、基本的にすべてここに含まれる。もちろん、これらの物品に埋め込まれたカーボンフットプリントはすでに見てきたカテゴリーのいくつかにも関連しているが、そのことはいまは無視しよう。たとえばTシャツをつくるには電力が必要だが、それは個人の「電力」カテゴリー（ここでの数え方で言うと5杯目）のフットプリントには含まれず、Tシャツ（最後の3杯）に含まれている。

企業のカーボンフットプリント

企業のフットプリントを考える場合、計算はもっと複雑になる。まず、一般企業というものを、これまで見てきたような一般市民と同じように想定するのは無意味だ。その企業が製薬会社なのか、石油・ガス会社なのか、建設会社なのかによって、カーボンフットプリントは大きく異なる。

だが、そう言っていては埒《らち》が明かない。そこで手始めに、ブリティッシュ・アメリカン・タバコ（BAT）のカーボンフットプリントを見てみよう。BATのウェブサイトを開くと「私たちは『A Better Tomorrow™（よりよい明日）』を築くために努力しています」と書かれている。これでわかるとおり、BATは「A Better Tomorrow」を商標登録したらしい。あなたもときには仕事の手を止めて、こういうばかばかしい話を笑うといい。

BATはこのように「A Better Tomorrow™」を目指しているので、2030年までにカーボンニュートラルを実現するという目標を立てた。とはいえ、これはサステナビリティーの世界では古典的な手だ。サステナビリティーに非常に重大な悪影響（何のことかわからない人のために言えば、つまり健康への悪影響）を及ぼしている企業が、他の何らかの問題（この場合は気候変動）に対処することで自社の悪影響を帳消しにし、いわゆるESGスコアを上げる手口なのだ（ESGとは「Environment, Social, Governance」の略で、企業のサステナビリティーの取り組みを評価する、投資の世界での専門用語）。そんな話はとても信じられないという人には教えよう。BATは2020年、CDP（企業のカーボンフットプリントの透明性を高めるために活動する世界最大級の環境NGO）から、なんと最も気候変動に配慮した企業として「Aリスト」賞を授与されたうえ、「サプライヤー・エンゲージメント・リーダー2020」に選出されている。BATにとってはたしかに「A Better Tomorrow™」だ。

ＢＡＴは企業全体の排出量をスコープ１、スコープ２、スコープ３と呼ばれる３つのカテゴリーに分割して公表している。退屈そうな響きだが、実はこの区分はとても興味深く、サステナビリティーの世界では非常に重要だ。また、排出量（とその責任）に関する考えをより明確に整理するのにも役立つ。

スコープ１は「直接排出量」、つまり自社工場の敷地にある煙突からの排出量だ。スコープ２は「間接排出量」、電力や火力の使用による、つまり工場に電気を供給している発電所の煙突からの排出量。スコープ３は「その他の排出量」で、出張などの日常的な業務に伴うものから売買される商品やサービスに隠されたものまで、１と２以外のあらゆる排出量が含まれる（なお、喫煙は微量のＣＯ2排出を伴うものの、気候変動への影響はほぼ無視できるというのが多くの研究者の見方だ）。ここではタバコの葉を乾燥させるための燃料使用に焦点を当て、その他の要素については詳述しない。スコープ１とスコープ２の合計排出量はＢＡＴの総排出量の約１割（54万１０００トン）にあたり、スコープ３の排出量が全体の約９割（６７８万１０００トン）を占めている。

ＢＡＴが立てた「２０３０年までにカーボンニュートラルを達成する」という目標を覚えているだろうか。実はあの目標の範囲は、スコープ１とスコープ２に限られている。スコープ３（念のために言うと総排出量の9割だ）がカーボンニュートラルになるまで、あと20年は待たなければならない。「A Better Tomorrow™」とは笑止千万だ。では、スコープ1とスコープ2の内訳はというと、60パーセント超が工場、約20パーセントが輸送、10パーセントが「商業用不動産」、6パーセントが「グリーンリーフ加工」(乾燥後のタバコの葉をさらに加工する工程)となっている。

あなたが大晦日《おおみそか》のパーティーで「来年末までに酒をやめる」と宣言したとしよう。あの約束はどうなったのかとあとで訊かれたら、あなたは答えるだろう。「日曜日に飲むのはやめると言っただけだ」と。こうした約束とは、実のところその程度のものなのだ。長期的な目標というものは、1年後にはまずあてにならないと思ったほうがいい。

排出量の大部分は巨大企業から

冒頭でビーンカウンターを批判しておきながら、ついまた数字を並べ立ててしまった。あなたが知りたいのはキルスコアなのだから、このあたりで結論を出すとしよう。温室効果ガスが1000トン排出されるごとに1人が死亡するという、あの基本ルールを思い出してほしい。あのルールに従えば、BATの製品はカーボンフットプリントによって、全スコープの合計で年間約7322人を死なせている計算になる。

関連する別の問いを立てて、この数字を大局的に見てみよう。BATは、喫煙によって年間何人の人間を死なせているだろうか。BATのタバコ販売数は年間約6400億本だ。年間喫煙本数と喫煙関連死者数の比率を算出し、その比率がほぼ一定だと仮定すると（この仮定は誤っているが、それはいまのこの計算にはさほど重要ではない）、BATの製品は年間約100万人を死なせていることになる。

BATが喫煙関連死に関与していることは誰の目にも明らかだろう。100万人に比べれば、7322人という数字はごくわずかに見えるかもしれない。だがBATの場合、カーボンフットプリントもけっして軽微ではない。世界の非国営企業のうち、同社は最も排出量の多い500社に含まれている。この事実を知れば、CDPのAリスト評価を見る目も少し変わってくるだろう。

世界で最も排出量の多い民間企業500社に含まれていながらCDPから最高ランクのAリスト評価を得るとは、なぜそんなことがありえるのだろうか。実はCDPの格付けは高い透明性を称《たた》えるものであり、開示された内容の良し悪しとは無関係だからだ。サステナビリティーの開示とは不思議な世界だ。

BATのカーボンフットプリントを調べれば、企業の温室効果ガス排出の世界を楽しく探求できる。だが排出量の多さで言うと、BATはトップ10企業にはとうてい含まれない。

BATより大規模な企業ならいくつでも、容易に挙げられる。そして上場している大企業のうち、市場全体の約2割の株式をもつ企業に、全排出量の約8割が集中している。これらの企業とは、石炭採掘や石油・ガス生産を行うエネルギー業、その化石燃料を電力に変える電力業、人や消費財の移動を助ける運輸業（自動車、航空、船舶関連）、そして最も排出量が多いセメントと鉄鋼業だ。CO2以外の温室効果ガスにも目を向ければ、不動産業、農業、林業がランクインし、それ以外の企業の排出量は問題にならないほど少ない。前述のとおり、BATの排出量はトップ500に入っているが、シェルの排出量はその約33倍にのぼる。先ほどと同じ計算をすると、シェルの製品は年間約23万人を死なせていることになる。BATの約30倍だ。ここにふたつの事実がある。まず、BATのカーボンフットプリントは甚大で致命的だ。だが、エネルギー関連大企業のカーボンフットプリントと比べるとはるかに少ない。

年間死者数だけを見ていると全体像を見失うので、より大きな視野に立とう。人間の活動による現在の総炭素排出量の3分の1は、世界のわずか20社が排出している。今度あなたが企業集中について知りたくなったときには考えてみてほしい。気候危機の3分の1については、事実上20の企業に責任があるのだということを。

さらに視野を広げてみよう。2013年発表のある研究によれば、わずか90社が全排出量の約3分の2を排出している。もちろん、その90社に含まれるのは、ここでもまた大規模な石油・ガス会社など、見慣れた顔ぶれだ。だが驚くべきこともある。実はこのリストの上位7社には欧米の企業は入っていないのだ。1位はサウジアラムコで世界排出量の約5パーセント、2位はロシアのガスプロムで4パーセント弱、3位と4位はイラン国営石油とコールインディアでそれぞれ約3パーセントだ。ペトロチャイナは2パーセント強でトップ5入りし、以下ロスネフチ、アブダビと続いて、そののちに初めてアメリカ企業のエクソンモービル（1・5パーセント弱）が登場する。シェルとBPはそれぞれ10位と11位で1・4パーセント程度だ。

責任の所在と切り分け

本書が問題にするのはこうした企業のキルスコアだが、これら無味乾燥な企業名の裏には人間がいることを忘れてはならない。驚くべきことに、このリストのうち3社が同じ人物によって設立されている。ジョン・D・ロックフェラーだ。ロックフェラーが1870年に設立したスタンダード・オイルは1911年に解体され、いくつもの企業に分割された。エッソ（後のエクソン）やモービルもそのひとつだ。ご存じのとおり、この2社はのちにふたたび合併することになる。歴史は直線的ではなく、循環的に進むのだ。もうひとつの分社ソハイオはのちにＢＰに買収され、スタンダード・オイル・カリフォルニアはシェブロンになった。これらの企業はその後、中東で油田を開発し、それが現在のアラムコ、クウェート石油、イラン国営石油につながっている。彼らはさらに関連分野の他の企業も買収し、事業を拡大していった。

　これほど多くの企業がただひとりの人物とつながっていることには驚かざるを得ないが、そのカーボンフットプリントのすべてをロックフェラーのせいにするのはばかげている。ロックフェラーがいなくても、他の誰かが同じものを手にしていた可能性はじゅうぶんにあるからだ。しかも、ロックフェラーは石油が今日のような商取引の中心的存在になる以前に亡くなっている。言っておくが、私たちは誰かに責任や罪を負わせようとしているわけではない。単に、キルスコアを算出しようとしているだけだ。

　責任の話が出たところであらためて思い出してもらいたいのは、企業が提供しているのは私たち個人が消費するサービスだということだ。つまり、企業は単に需要を満たしているだけだとも言える。もし明日、世界のすべての石油・ガス会社が「ただちに操業を停止する」という書類にサインしたらどうなるだろう。世界経済は崩壊し、私たちは食料品店に行くにも苦労し、そもそも店に食料があるかどうかすら怪しくなる。

重箱の隅をつつくようなことはしたくないが、ひとつだけ言っておきたい。キルスコアの算出にあたってはカーボンフットプリントの算出と同様、どうしても二重計上が避けられない。あなたの消費のフットプリントは、企業がサステナビリティー・レポートで公表するエネルギー消費量に基づいて算出される。それがルールなのだ。二重計上の問題についてはあとでまた考える機会を設けるが、ここでは、私たちは二重計上を行っているとだけ言っておこう。そして、企業が不当な非難を受けるのではないかと心配する前に、考えてみてほしい。麻薬の売人がもし「単に需要に応えているだけだ」と言ったとしたら、あなたはどう思うだろう？

責任を切り分ける難しさは、消費者・生産者・投資家のあいだだけでなく、企業と企業のあいだにもある。たとえばアラムコのスコープ3（その他の排出量）は、原油を処理する製油所、ガソリン燃料車を生産するフォルクスワーゲンやトヨタなどの自動車会社、その車で移動する私たちの三者とつながっている。その意味では、排出量のすべての責任を石油メジャーだけに押しつける先ほどの分析は、巧妙な手品だ。誤解のないように言うと、石油メジャーは透明性の高い開示をするという選択をしており、こんな疑問が生じるのもその選択があってこそだ。だが、企業がどういう選択をするかは、どのスコープの排出量計算について誰が責任をとるかによって変わる。

金融機関のカーボンフットプリント

BATがスコープ1、2、3という分類に従ってカーボンフットプリントを分割していることは前述したが、各スコープの中にはさらなるサブカテゴリーが存在している。たとえば金融機関では、ほぼすべてがスコープ3のカテゴリー15、つまり投資を中心に回っている。カテゴリー15の排出量は、金融機関のその他のすべてのカテゴリーの合計排出量の700倍以上に相当する。これは当然だ。HSBCやドイツ銀行本社の電気料金請求書ぐらいで眠れなくなる人はいない（深夜の時間帯に勤務する人を除いては）。誰かが眠れなくなるとすれば、その原因は数兆ドルにのぼる投融資のポートフォリオに決まっている。

では、金融機関は正確にはどうやって自社の排出量を算出しているのだろうか。イギリス最大手の年金基金である鉄道年金制度（RPS）を訪ねる旅につき合ってほしい。RPSは1990年代にイギリス鉄道セクターの民営化に伴い設立された、鉄道業界（イギリス各地を結ぶ鉄道のほかロンドン・オーバーグラウンドなども含まれる）で働く人々のための年金基金だ。

RPSにはイギリスの全年金加入者の約1パーセントにあたる35万人近い会員がいて、

年金受給者、イギリスの鉄道会社の従業員、もはや関連企業では働いていないが受給資格をもつ元従業員――いわゆる「保護会員」――らで構成されている。保護会員という分類がおもしろい。私はときどきイギリスの大学で教えており事実上雇用されている身なので、イギリスの年金機構に保険料を納めている。教員をやめると私は保護会員になり、引退後には月５ポンドほどの給付を受けることになる。

ＲＰＳは、会員数35万人に対して資産総額は約３２０億ポンドなので、会員は１人あたり約９万２０００ポンドの資産を所有していることになる。少々心細い額だと思うかもしれないが、この数字はあくまでも、まだ何も貯《た》めていない22歳の会員から退職を控えた65歳の会員までの、全会員の平均だということを忘れないでほしい。しかも、これはＲＰＳからの年金に限った額であり、引退までに従事したすべての仕事からの年金資産ではない。

ＲＰＳはグラスゴー金融同盟（ＧＦＡＮＺ）による世界的な誓約の一環として、「２０５０年までにネットゼロを実現する」という共同目標を掲げている。ＧＦＡＮＺはグラスゴーで開催されたＣＯＰ26のために前イングランド銀行総裁のマーク・カーニーが提唱し、発足した金融機関連合だ。ＲＰＳが署名したこの取り組みは現在、年金管理運用会社レイルペンによって実施されているが、こうした分担はとくにめずらしいことではない。

２０５０年までにネットゼロというこの目標を、レイルペンは総資産の約65パーセントのみを対象とした戦略で達成できると考えている。そして、投資額の約55パーセント分についてのみカーボンフットプリントを公表し、投資額100万ポンドあたりの排出量を年間約70トンと概算している。お気づきかもしれないが、レイルペンは概算の数字しか公表しておらず、事実を包み隠さず開示しているBATとは対照的だ。残念ながらレイルペンはすべての項目にわたって、正確なデータ表を一切公表していない。だが、わかる範囲でなんとかするしかない。

レイルペンの計算によると、株式および債券への投資によるカーボンフットプリントは2020年で約120万トン、RPS加入者1人あたりに換算すると約3・5トンだという。仮にあなたが20歳のときにロンドン・オーバーグラウンドで働きはじめ、80歳まで生きたとすると、年金の取り分に相当するカーボンフットプリントは平均で約210トンとなる。個人の消費から生じる生涯のフットプリントの4分の1から5分の1に相当する計算だ。思い出してほしい。消費による1人あたりの生涯フットプリントは約1000トンだ(もちろん、ネットゼロ計画はこの平均値を押し下げるためにある)。

ただし、この数字にはふたつの疑問符がつく。第1に、この数字は年金投資のすべてをカバーしているわけではなく、RPSの場合は約半分にすぎないこと(イギリスには100パーセント株式資産で運用されている年金もあるが、RPSの55パーセントはおそらくごく平均的な数字だろう）。第2に、ネットゼロという目標に対する分析の対象がスコープ1とスコープ2に限られていることだ。ここまで読んだあなたにはもう、おそらく専門家並みの知識があるはずだ。だが、そんなことはないと主張する読者のために補足すると、スコープ3（サプライチェーンからの排出や最終製品に埋め込まれた排出等）の排出量は、分析対象に含まれていない。思い出してほしい。前述のとおり、金融機関の場合、スコープ3の排出量はスコープ1とスコープ2の合計の700倍にのぼる。

だから、分析対象をこんなふうに限定するのは問題だ。通常、スコープ3の排出量は平均してスコープ1とスコープ2の合計の約4～5倍になると考えられるが、二重計上されている部分も多いのは明らかだ（石油企業におけるスコープ3の排出量が電力企業におけるスコープ1の排出量である、など）。そう考えると、1人あたりの年間排出量は3・5トンではなくおそらく14トン弱、生涯では840トン程度になるだろう。さらに投資額のうち残りの45パーセントについては無視されているわけだが、このあとの計算は非常にややこしい。あまりにややこしくて計算方法を説明する気にもなれないが、これだけ言えばじゅうぶんだろう。年金と仕事をもつ典型的なイギリス市民の年金フットプリントは、おそらく消費フットプリントとほぼ同程度と言って間違いない。

合計すると、あなたは生涯で1人ではなく2人の人間を死なせることになる。だが運がよければ、あなたが加入している年金機構が排出量を減らそうと努力しているだろう。それがうまくいけば、あなたのキルスコアも減るかもしれない。

もちろん、多くの人はほかにも資産をもっている。すぐに思い浮かぶのは銀行口座の預金と保険商品だ。保険の場合、排出量の計算は年金と似ている。違いは、保険会社があなたのために投資するお金の大半が、国債というかたちで政府のポケットに直行することだけだ。

銀行預金の場合、状況は少し複雑だ。なにしろ、あなたは株式のように企業の株を所有しているのではなく、お金を銀行に預けているだけであり、そのお金を銀行が企業に貸しているのだから。お金を生み出すという点では、現実の銀行業務はさらに複雑で、責任の分配は「少々難しい」どころではない。深く掘り下げればそれだけよくわかるというものでもない。金融セクターを調べるということは、抽象的な言い方をすれば、割れた鏡で経済を見るようなものだ。そこに映る像は、ひどく歪《ゆが》んで見えるのだ。

炭素を排出して成長した世界

この章を終える前に、もうひとつ厄介な問題に触れるのを許してほしい。過去1世紀にわたって気候変動を引き起こし、現在の、そして未来の私たちを死に追いやろうとしている製品やサービスは、同時に人々の命を救ってもきた。20世紀のほぼ全期間を通じて、炭素を排出する活動は、人類の生存に（差し引きすれば）プラスの影響を与えてきたと言えるだろう。なぜなら、炭素を排出する活動こそが経済成長を促し、経済成長が平均寿命を延ばし、飢餓を減らし、多くの場合に人類のためになる財を増やしてきたからだ。だが本書では、そのメリットとデメリットをどうやって数学的に相殺し、どうやってキルスコアを算出するべきかと考えるのはやめよう。過去ではなく、どうしたら未来の死を避けられるかを考えたい。

私たちが避けたいと願う死の非常に多くには、ある共通の原因がある。石油、ガス、石炭といった化石燃料だ。とくに石油は経済成長の原動力であると同時に、世界の多くの紛争や不幸の原因にもなっている。私たちが乗る自動車、飛行機、船の動力ともなり、わずかではあるが家庭でも利用されている。だが、石油にはもうひとつ重要な役割がある。生産された石油のおよそ15パーセントが乗り物のエンジンや発電所で燃焼されずに、世界で最もありふれた物質のひとつに姿を変えているのだ。それが次章のテーマだ。

4

廃棄物汚染　第2の現場

廃棄物とは何か

プラスチックについて考えるとき、たいていの人は石油のことまでは考えない。石油というとまず思い浮かぶのは、汚い樽《たる》に入った黒や茶色の液体だ。その液体が精製され、加工され、最終的にエンジンで燃やされて、私たちを行きたいところへ運んでくれる。それが私たちの抱いている石油のイメージだ。

だが、このイメージは石油の消費量全体の約3分の2にしか当てはまらない。残る3分の1は、それ以外の大量の製品に生まれ変わっている。クレヨン、クレジットカード、ライフジャケット、パジャマ、バスケットボール、スキー、コンタクトレンズ、歯磨き粉、おしゃぶり。そして、なんとスマートフォンも石油製品だ。ほかにも肥料や化学薬品などの多くの産業用製品が石油からつくられている。

石油がこれほど身の回りに溢《あふ》れているのは、ひとつには、石油が単に産業用の燃料であるだけでなく、プラスチックの原料でもあるからだ。そのため石油は、前章で扱った気候変動関連のキルスコアにおいても、この章で扱う廃棄物関連のキルスコアにおいても、ともに大きな役割を担っている。

廃棄物というと粗雑なものという印象を抱くかもしれないが、実は非常に哲学的な概念だ。辞書で「廃棄物（名詞）」を引くと、「不要な、または使用できない素材、物質、副産物」と定義されている。本質的に主観的な要素を含む言葉なのだ。英語のことわざにもあるように、誰かのごみは別の誰かの宝物だ。自然のライフサイクルの中では、廃棄物は欠かせない重要な要素でもある。化学肥料が使われるようになる以前、私たちは堆肥を使って土壌の養分を補っていた。廃棄物ほど自然界の繁栄に役立つものはほかにない。廃棄物のない世界があったとしたら、その世界の生産能力はごく限られたものになるだろう。ちなみに、これは自然界に限ったことではない。ナシーム・タレブが提唱した「反脆弱性《ぜいじゃく》」、つまりレジリエンスを保つうえで、無駄や余剰部分が重要な役割を担っていることが、研究によって明らかになっている。

廃棄物に関するもうひとつの誤解は、私たちが廃棄物をごみと同一視していることだ。少なくとも本来の定義からすれば、廃棄物の範囲は単なるごみよりはるかに広い。排気ガスといっしょに排出されて大気を汚染する粒子状物質と同じく、排出されるCO2も廃棄物だ。私たちの体からも廃棄物は出ている(ちなみに、そこにもCO2が含まれる)。そして、それとは別に「ごみ」がある。それぞれまったく違うものに見えるかもしれないが、タイプの違うこうした廃棄物のすべてに、ひとつの共通点がある。どれも私たちのライフスタイルの副産物だということだ。一見、まったく異なる問題に見えるプラスチック汚染と大気汚染を、この章でまとめて取り上げるのはそのためだ。このふたつは私たちの生活の副産物による汚染であり、ある絆《きずな》で結ばれている。その絆とは、有害な方法で廃棄物を生み出すという、私たちが下している決定だ。廃棄物の処理が自然のルールに縛られなくなったときから、「よいもの」だった廃棄物は「問題」に変わってしまったのだ。

とはいえプラスチック汚染と大気汚染には違いもあり、このふたつに迫るにはそれぞれ別の道筋をたどらなければならない。そこで、ふたつの異なるキルスコアの犠牲者を紹介しよう。ひとりはガーナの青年フセイニ。もうひとりはロンドンの少女エラだ。

廃棄物による死の捜査は、本書に登場するさまざまな殺人犯を追う中でも圧倒的に腹立たしいものだった。廃棄物の致命的な影響に関しては、気候変動関連のそれをさらに上回る数の論文が、何百となく書かれている。とくに目立つのは、大気汚染に関連して語られるケースだ。死体と同様、統計データもうずたかく積み上がっている。しかしそれに関してはほとんど語られることがなく、犠牲者が特定されることもめったにない。その理由は、ひとつには、廃棄物という凶器の性質から犯行が間接的で、理論上のものとなること。もうひとつは、廃棄物と自然や健康との関係についての私たちの理解が、正直言ってひどく限られていることだ。そこでフセイニという19歳の青年を通して、この物語を目に見えるものにしてみたい。

プラスチック汚染の犠牲者――フセイニ

フセイニについては、詳しい情報がない。名字も、家族のことも、趣味も、好物もわからない。ドイツの雑誌『シュピーゲル』に掲載された記事の中で、歴史の脚注のようにさりげなく触れられただけの名前だ。だが、フセイニの話の断片を、少しばかり脚色を交えながら継ぎ合わせてみたい。

フセイニはガーナの首都アクラのコール・ラグーンにある商業地区、アグボグブロシーで生まれた。コール・ラグーンはラグーンという名から想像されるような美しい海のオアシスではない。フセイニが生まれた頃には、事実上、アクラのごみ溜《た》めになっていた。アグボグブロシーの名物は、電子機器関連の廃棄物、いわゆる電子ごみ（E-waste）だ。フセイニはアグボグブロシーのほとんどの子どもと同じように、電子ごみを漁《あさ》る少年グループに入っていた。日がな一日、何百キロもの電線を燃やしてその中から換金できる銅を取り出し、市場で数ペンスで売って生計を立てていたのだ。まさに、誰かのごみは別の誰かの宝物だ。

フセイニは、日中は燃やしたプラスチックごみに肺を冒された。夜は鉛に汚染された地場産の魚介類を口にし、全身を冒された。最初に毒物に曝露《ばくろ》したのは母乳を通してだったと考えるのが妥当だろう。というのも、この地域の女性の母乳には通常、国際基準で認められた基準値の2〜34倍のPCB（ポリ塩化ビフェニル）が含まれていることが調査で判明しているからだ。

フセイニの話を読んだあとでは、章の冒頭に挙げた一見無害な石油の用途リストを見る目が変わってしまう。ちなみに、あのリストはコロラド石油ガス協会のチラシから借用したものだ。廃棄されると有害物質を出し、水や食べ物に混入する素材が自社製品からつくられていることを宣伝するとは、妙な世の中だ。

フセイニは19歳で毒に追いつかれた。ある慈善団体を通じて、幸運にも無料の学校教育や防護マスクを供与されたが、遅すぎた。フセイニの正確な死因はわかっていない。だが、同じ慈善団体の恩恵を受けながら生き延びている他の子どもたちは、がんを患っている。フセイニもおそらく、同じ道をたどったのだろう。

フセイニについてわかっていることは、これで全部だ。私が語ったことも、すべて事実だとは言い切れない。実際のところ、彼がアグボグブロシーで生まれたのかどうかも定かではない。私たちにできるのは、石器時代の壁画をなぞるように物語の輪郭をなぞることだけだ。ただし、これは遠い昔の話ではない。いままさに起きていることなのだ。

研究者はプラスチックによる悪影響を解き明かそうと懸命に努力している。とくに注目されているのが、私たちの食や健康へのマイクロプラスチックの影響だ。大気汚染による死の研究は豊富にあるが、プラスチックが実際のところ死にどう関係しているのかについては、まだほとんどわかっていない。だが、プラスチックを燃やすと健康が損なわれることは確かで、おそらくフセイニもそのせいで命を落としたのだろう。この場合、プラスチックはまず捨てられて電子ごみとなり、次に換金可能な銅を取り出すために燃やされて「不要な、または使用できない素材、物質、副産物」である煙となり、一度ならず二度までも廃棄物となっている。

大気汚染の犠牲者――エラ

次の物語に移ろう。舞台はロンドン。今後さらに2人の犠牲者を出す場所だ。本書では、さまざまな場所のさまざまな犠牲者を選んで多様性の確保に努めたが、それでもロンドンに犠牲者が集まってしまった。だが、それでよかったようにも感じている。というのも、私たちはともすればキルスコアを、まるですべてが地球の裏側で、あるいは未来の世代に、つまり「私たち」とは別の人々に起きていることのように語りがちだからだ。舞台がロンドンなら、私たちはあちら側だけでなくこちら側でも人を死に追いやっているという基本的な事実を実感できるだろう（あちら側でも死なせているのだが、それはともかく）。

そのうえ、本書に登場した犠牲者と自分が道ですれ違ったり、同じ地下鉄やバスに乗り合わせたり、もしかしたら同じレストランで食事をしたりしたかもしれないと思うと、話がより生々しく感じられるはずだ。もちろん、人口1000万の都市でそんなことが起きる可能性は低いが、ありえないことではない。もしかしたらあなたも、同じレストランで食事をしたのかもしれない。周囲の選択によって死に追いやられるという、同じ運命を共有しているとも知らずに。

ふたり目の犠牲者、エラは、ロザムンド・アドゥ・キッシ・デブラという名の美しい印象的な女性の愛娘《まなむすめ》だ。エラの死には非常にまれな特徴がある。豊田市のあの少年の死因が「気候変動」であると証明されたのと同じように、エラの死亡診断書の死因欄には「大気汚染」と書かれているのだ。

エラは2013年に呼吸器系の疾患で亡くなった。このときの死亡診断書の死因欄には、大気汚染とは書かれていなかった。2020年、BBCはエラの死をニュースサイトで報じた。つらく痛ましい内容だが、少し長めに引用しよう。

エラちゃんは、2010年（当時6歳）に咳《せき》の発作で病院に運ばれて以来、27回にわたって入退院をくり返した。母親のキッシ・デブラさんによれば、エラちゃんは2012年の夏には身体障害者の認定を受け、母親に背負われて移動するようになっていた。亡くなるまでの数年間に、6つの病院で専門医の診察を受けたという。亡くなる前日に救急車で運ばれたとき、エラちゃんは「叫んでいました」とキッシ・デブラさんは証言する。「救急車に乗せられた娘は、発作を起こしかけていました。重体でした」。その夜、エラちゃんの蘇生《そせい》を試みた医師たちの努力を、キッシ・デブラさんはこう語った。「何度も、何度も、諦めずに頑張ってくれました」。2013年2月15日3時27分、エラちゃんは息を引きとった。

母親はその後8年間にわたり、真の死因解明に奔走した。娘の呼吸器系疾患は異常であり、何か崇高な力のせいではなく、消費という祭壇で崇《あが》められている力のせいであることを証明しようとしたのだ。

大気汚染を死因とする死亡診断書はイギリスで、おそらくヨーロッパでも、初めてだったろう。エラの呼吸器系疾患には原因があった。自宅のあったルイシャム周辺の大気から基準値を上回る粒子状物質が検出されたのだ。汚染は通行車両の排気ガスや近くの工場からの排煙によるものだった。母親がしたことは一見、単なる言葉のうえの争いにしか見えないかもしれない。だが、ペンは剣よりも強い。この章では終始、死因を統計上の異常や問題点と関連づけて論じることになるが、その統計のもとになるのが死亡診断書だ。犯人をすべて突きとめなければ、殺戮の規模は把握できない。

3つの致命的凶器

廃棄物とはいったいどんな殺人犯で、どんな凶器をふるうのだろうか。犯行現場では粒子状物質、プラスチックごみ、電子ごみという3つの致命的な凶器が見つかっている。

1　粒子状物質

煙突や暖炉から排出される煙にも、車の排気ガスにも、火山の噴火や波しぶきにも、粒子状物質は含まれている。犯行現場に残される人間の足跡《フットプリント》はもっぱら、木材やバイオマスなど生物由来の物質が燃やされて生じたものだ。もちろん化石燃料もこれに含まれる。石炭も石油もガスも、数百万年前には生物由来の物質だった。それが数百万年にわたって圧迫され、分解されてできたものが化石燃料だ。化石燃料は気候変動の元凶だが、それだけではない。暖炉やオーブンで燃える薪《まき》と同様、粒子状物質を大量に発生させる。そのため大気汚染への影響も大きく、年間400万人以上の死因となっている。大気汚染の軽減は気候変動との闘いの副産物と捉えられがちだが、大気汚染は死者数で見れば最大の凶器であり、少なくとも今世紀が終わるまではその地位を守りつづけるだろう。

想像してほしい。風の吹き渡る秋の夜、あなたは庭に出て焚《た》き火を前にして座っている。薪がパチパチと音を立てて燃えている。誰かが紙切れを一枚、火の中に投げ入れる。紙切れは薪の上で、身をくねらせながら灰になっていく。小さな切れ端がひとつふたつ風に乗り、回転草のようにくるくるとダンスをするが、やがて燃え尽きて冷たい空気に冷やされる。火の上を舞っていた小さな紙の切れ端は、私たちが「粒子状物質」と呼ぶものの拡大版だ。目に見えるのは煙だけでも、そこには何千もの目に見えない小さな粒子が、この切れ端と同じダンスを踊っている。

紙の切れ端なら灰の中に落ちてそのままそこに落ち着くだろうが、肉眼で見えない物質はそうはいかない。空気中の水分と混ざり合い、大気中にとどまりつづける。粒子状物質が問題となるのはこれが理由だ。大気汚染指数を見たことがある人なら、PM10やPM2・5（それぞれ粒径が10マイクロメートルと2・5マイクロメートルであることを表している）などの言葉に見覚えがあるだろう。これらの微小粒子は肺にも血管にも脳にも沈着する。粒径が小さければ小さいほど危険性が高い。2・5マイクロメートルといえば人間の髪の毛の太さの数分の1にすぎず、血液に混じって全身に運ばれてしまう。

つまり粒子状物質とは、喫煙者が吸い込んでいるのと同じような粒子が大気中に大量にばらまかれたようなものだ。目に見えない小さな粒子が私たちの肺に張りつき、血液を汚染する。

秋の夜長に炎を眺め、冷たい空気を胸いっぱいに吸い込むとき、私たちは汚染物質や発がん性物質もいっしょに吸い込んでいる。一部の研究によれば、そうした物質によって亡くなる人の数は、イギリスのような西欧の経済大国においては年間3万〜4万人にのぼると推計されている。また欧州環境機関（EEA）によれば、ドイツでは大気汚染のために年間に約6万2000人が――言い換えれば人口の約0・1パーセントが――亡くなっているという。

粒子状物質は世界の死因第6位だ。本書でキルスコア算出の根拠とした控えめな試算によれば、粒子状物質が原因で亡くなる人の数は年間400万人にのぼっている。新型コロナウイルス感染症レベルのパンデミックが毎年起きているに等しい死者数だ。

2　プラスチックごみ

化石燃料は気候変動以上に私たちの生命を脅かし、信じがたいほど多くの死者を出していることがわかったが、第2の殺人犯もまた化石燃料と関係が深い。プラスチックごみだ。フセイニの場合、死因はアグボグブロシーのプラスチックやその他の廃棄物だった可能性が高い。銅を取り出すためにプラスチックを燃やした結果、空気中に排出された毒物を吸い込んだのだろう。だがプラスチックごみへの私たちの関心は主に、近年メディアで大きく取り上げられるようになった「マイクロプラスチック」に移っている。マイクロプラスチックとは、プラスチックが世界の海で分解され、全長5ミリメートル以下の小さな断片となったもので、海底でもエベレストの頂上でも見つかっている。マイクロプラスチックの最大の課題は、人間の健康にどの程度影響しているのか、とくに人間の死とどの程度関係があるのかがほとんどわかっていないことだ。実験室での研究では、マイクロプラスチックは人間の細胞を傷つけることが判明している。だが、それがどの程度キルスコアを左右するかはわかっていない。それについてはプラスチックごみのキルスコアを算出する際にまた取り上げるとして、ここではひとつだけ言っておこう。『ネイチャー』誌に2020年に掲載された論文によれば、現在の地球上のプラスチックの総重量は地球の全海産物および陸生動物の合計重量を上回っている。この研究では廃棄されたプラスチックと使用中のプラスチックの両方がカウントされているが、今日の宝が明日のごみになることが多すぎるのが、不幸な現実だ。

このテーマに関する研究はまだ初期段階にあるが、真偽のわからない恐ろしい話は多数出回っている。たとえばプラスチック製の哺乳瓶で粉ミルクを飲んでいる赤ちゃんは、1日あたり100万個以上のマイクロプラスチックを飲み込んでいる可能性があるという。『スター・ウォーズ』のハン・ソロではないが「嫌な予感がする」。

マイクロプラスチック関連の論文を読んでいると懸念はつのるばかりだが、多数の研究者がそれ以上に懸念しているのがナノプラスチックだ。研究はまだほとんど進んでいないが、ナノプラスチックは非常に小さいため、細胞を通過して血液脳関門（血液中の病原体から脳を保護する壁）を突破し、脳内に入りかねないという。この分野の第一人者バート・ケルマンスが「プラスチック時限爆弾」と呼ぶこのナノプラスチックの威力は、もう一度言うが、いまのところ未解明だ。ケルマンスはこう言っている。「リスクについて問われれば、いまのところそれほど怖いとは思いません。ですが何も行動しなかった場合、将来のことが多少心配になります」。ここでは「多少」という修飾語が大活躍している印象だが、マスコミの主張とは裏腹に、ケルマンスのこの言葉はどこから見ても正しい。海洋生物学者のジェニファー・リンチは、「マイクロプラスチックによる汚染が深刻な問題を引き起こしているかどうかについては、研究者のあいだでもまだ意見が一致していない」と結論づけている。

3　電子ごみ

廃棄物にはほかにも多くの種類があり、ここでそのすべてについて検討するのは不可能だ。だが、もうひとつのカテゴリーとして電子ごみを取り上げたい。規模の上では最初のふたつにはとうてい及ばないが、フセイニを死なせた殺人犯だ。ここには、壊れた冷蔵庫、使用済み乾電池、洗濯機、コンピューターなどの廃棄物が分類される。電子ごみは多種の有害物質を含むうえプラスチックと切っても切れない関係にあるため、殺人犯として特定するのが難しいが、中国のアグボグブロシーとも言うべき貴嶼鎮《きしょちん》のケースで考えてみよう。2020年の調査によると、貴嶼鎮では電子ごみが原因で毎年220〜750人が亡くなっている。

確認しなければならないことがある。この数字を見て、あなたは「750人？　たいして多くないじゃないか」と眉をひそめたのではないだろうか。もしそうなら、これまで桁違いの数字を並べすぎたせいで、私があなたを鈍感にしてしまったのだ。どうか思い出してもらいたい。たった1人の死でさえ、どれほどの悲劇を意味するかを。電子ごみだけが原因で、ひとつの都市で、これだけの悲劇が起きているのだということを。そして、電子ごみはプラスチックごみや粒子状物質とは少し違うということを。石油を燃やしてエンジンを動かす生活を続けるかぎり、大気汚染を減らそうとしても限界がある。フィルターなどを工夫することはできても、できることは限られている。プラスチックをリサイクルしても、日々の暮らしから流出するマイクロプラスチック汚染を防ぐのは難しい。それに対して電子ごみは、ひとえに、適切な廃棄・リサイクルを怠っている私たちの怠慢と、ごみを誰かの宝物にしようとする一部の人間の強欲との産物だ。「一部の人間」とはもちろん、貴嶼鎮やアグボグブロシーに住む貧しい人々のことではない。電子ごみの世界的なサプライチェーンで儲けている仲介者のことだ。

そして、私たちのことでもある。犯人はあなたであり、私なのだ。

個人のキルスコア：大気汚染

では、キルスコアの算定を始めよう。消費者である私たち個人、生産者、それに投資家のキルスコアを、これから算定していく。もちろん、ここでも話は単純化せざるを得ない。田舎の庭で焚き火をしても、その影響を被るのは自分だけだ。だが、ソウルや東京の路上でエンジンをかけたまま車を停《と》めるのは、まったく別の話だ。大気汚染は気候変動と違い、非常に局所的な問題だ。とはいえ、粒子状物質は1カ所にとどまるわけではない。サハラ砂漠の砂がグリーンランドでも見つかるという事実がそれを物語っている。それでもある程度の単純化をお許しいただき、そこから何が学べるか見てみよう。

まず、粒子状物質の発生源を次の5つに分類する。①オイルダストや海塩などの自然、②交通、③産業、④家庭用燃料、⑤人間を原因とする不特定の発生源。

これらがPM2・5の総量に占める割合はヨーロッパの場合、①自然由来が約5～20パーセント（これは世界平均と同程度だが、日本では42パーセントと異常に高い。海の波しぶきを浴びる島国であるため、海からの塵《ちり》や砂が多いことも一因と考えられる）、②交通由来が約19～35パーセント、③産業由来が11〜17パーセント、④家庭用燃料が12〜32パーセントとなっている。残りは文字どおり不明であり、人間由来であること以外、何もわかっていない。ちなみに「〜」の記号は、北欧、西欧、東欧、南欧のどこに住んでいるかによって数値が異なることを示している。

これだけではたいしたことはわからないが、これを手がかりに少しずつ紐解《ひも》いていこう。まず、大気汚染もEU圏に住む人々のフットプリントも、EU圏外には広がらず、EU圏の汚染の責任はすべてEU圏の人だけにあると仮定する。大気汚染によるEU圏の死者数は年間約30万7000人だ（特筆すべきは、1990年代前半には死者数は年間約100万人だったということだ。過去のキルスコアに関心のある年配の読者にとってはいくらかショッキングな数値かもしれないが、過去にさかのぼって問題をひとつひとつ調べることはできない。だから今日の数値に目を向けよう）。EUは非常に進歩的だと思われがちだが、EUの基準に従った場合、規制値を超える微小粒子状物質に脅かされている人の割合は、都市人口の約1パーセントとなる。ところがWHOの規制値に従って計算すると、この数値は都市人口の約96パーセントに跳ね上がる。

この統計はどちらもイギリスを除外しているため、総人口はEUの人口4億4700万人だ。計算してみよう。年間死者数30万7000人は総人口の約0・07パーセントに相当するので、キルスコアは年間0・0007人、または（平均寿命を80歳と仮定すると）生涯で約0・05人となる。言い換えれば、この統計だけをとっても、一生のあいだに20人が1人を、大気汚染で死なせている計算になる。

ただしこのケースには、量刑の減軽事由と加重事由の両方が存在する。減軽事由は、前述したように自然由来の粒子状物質が汚染原因に含まれていることだ。これによる死亡率を平均1割とすれば、人間由来の粒子状物質によるEU圏の死者数は年間約27万人に減少する。自然由来の粒子状物質の多くは都市部以外の場所で発生するうえPM2・5のレベルを上昇させるほど集積しないいため、実際に人間を死なせているわけではないが、ここは少し甘めに計算するとしよう。

一方、大気汚染による死は都市部で起きているので、都会的なライフスタイルが主因と考えられる。都市部の消費者（EU人口の41パーセント）にだけ責任を割り振るとすれば、都市部の消費者の生涯のキルスコアは0・12人となり、農村部の消費者のキルスコアはゼロとなる。もっとはっきりとした内訳やその正確な割合を提供できればいいのだが、正直に言ってそこまではわからない。そのうえ田舎に住む世捨て人であっても、どこか別の場所で大気を汚染している工場の製品を買っている可能性がある。使い古された表現だが、真実はその中間のどこかにあるのだろう。

いずれにしろ、キルスコアの計算はまだ終わらない。というのも、大気汚染の範囲が一部の地域に限られるとしても、商品は違うからだ。私たちが消費している商品は世界中の工場とつながっている。2017年の調査によれば、中国と東アジアで起きている大気汚染関連死について、ヨーロッパおよびロシアには商品の輸入を通じた責任があり、その責任割合は大気汚染による全死者数の約7パーセントに相当する。さらに、中東と北アフリカにおける大気汚染関連死者数の24パーセント、北米の5パーセント、ラテンアメリカの6パーセントに対しても、同様の責任を負っているという（ただし輸入量の算定における地理的区分は、大気汚染源をめぐる調査の区分と正確には一致していない）。もしこれが正しければ、ヨーロッパ人のキルスコアは最初に算出したスコアのほぼ倍になる。

つまりEUの都市部の消費者は大気汚染を通じて、生涯で約0・25人を死なせていることになる。ただし、これはあくまでも、省略と単純化を経た平均値だ。

大気汚染と気候変動のキルスコア比較

このキルスコアを気候変動のキルスコアと比較すると、いくつか興味深いことがわかる。まず、すでに述べたとおり、これは現状を切り取った写真にすぎない。本書で私たちがしようとしているのは、この写真を生涯という時間軸に投影し、現在の世界状況に基づいて生涯のキルスコアを算出することだ。もしこれが学術書なら、人口の変化や大気汚染による死者数の予測などを考慮したさまざまな調整が必要だろう。電気自動車の導入により将来は交通に由来する汚染物質が減少する可能性があるため、先ほど算出された大気汚染のキルスコアは高すぎると考える人もいるかもしれない。そういう人は、これが1990年だったらキルスコアはどうなっただろうと考えてみてほしい。年間100万人という1990年の死者数をもとにキルスコアを計算したら、都会の夫婦2人分の生涯のキルスコアは0・5人でなく1・0人だったかもしれない。長い目で見れば、事態は改善しているのだ。

だが、現状では大気汚染による死者数のほうが気候変動による死者数より多いにもかかわらず、なぜ大気汚染のキルスコアは気候変動のキルスコアよりも低いのだろう。そんなことがありえるのだろうか。そうなる理由は3つある。

ひとつ目は平凡な理由だ。気候変動による死者数は現在は比較的少ないが、私たちが今日下す決定によっては、次の100年間に激増する可能性がある。本書では（少なくともいまのところは）未来の命を割り引いて考えることはしないため、気候変動による死者数は膨大になる。

ふたつ目の理由は、責任の分配という、キルスコアの核心をなす原理だ。気候変動の場合は、人口の集中した都市部の人々が世界中の人間を死なせている。それに対して大気汚染の場合、EU圏の消費者は実は主犯とは言えない。なぜなら地域的に生じる大気汚染は、ヨーロッパよりも世界のその他の地域（インド、中国、ナイジェリア、インドネシアなどの都市部）に、はるかに集中して起きているからだ。

3つ目の理由は、大気汚染のキルスコアの算出方法だ。死者数を1年ごとにカウントし、それをヨーロッパの安定した人口で割るので、精度が高い。塵は最後にはまた土に戻るため大気汚染の期間は限られているが、私たちとそれ以前の世代が引き起こした気候変動は、今後何世紀にもわたって甚大な影響を及ぼす。1950年から2050年までの100年間の出来事は、遠い未来の人々にまで致命的な結果をもたらすだろう。

このように、大気汚染と気候変動は特徴もキルスコアも大きく異なるものの、部分的には同じ消費選択に影響されるため、密接に関連している。たとえば化石燃料の消費を減らす行動は大気を浄化すると同時に、気候変動対策にも効果を及ぼす。だが一方で、肉の消費を減らしても、大気汚染関連のキルスコアはほとんど変わらない。

個人のキルスコア：プラスチック汚染

廃棄物の直接的な影響は、前述のようにまだじゅうぶんにはわかっていない。キリスト教系の慈善NGO、ティアファンドの推計では、「廃棄物の不適切な処理」が原因で、毎年40万人から100万人が亡くなっているという。だが、この調査の対象はプラスチックごみだけではない。また、死亡事例の多くは発展途上国の特定地域で起きており、欧米の私たちが出す廃棄物と直接の関係はない。2010年の分析によれば、不適切に処理された世界の廃棄物のうち30パーセント弱は中国で、10パーセントはインドネシアで、0・1パーセントはドイツで廃棄されたものだったという。また「不適切に処理」された世界のプラスチックごみの70パーセント以上が東南アジアおよび環太平洋地域で、3・6パーセントがヨーロッパおよび中央アジアで、0・9パーセントが北米で発生している。

このデータにはいくつか疑問符がつきそうだ。どこかよその国で不適切に処理されることになるプラスチックごみを、私たちはどの程度輸出しているのだろうか。そしてそれは、データのどこに反映されているのだろうか。この分析はそうした複数の情報を明らかに欠いていて、世界の現状を反映してはいないと思われる。

しかし、だからといってプラスチックごみのキルスコアがゼロというわけではない。欧米人にまでは行き渡りそうにないというだけの話だ。もちろん、欧米人も多少は関与しているにせよ、その度合いは実質的には欧米人のキルスコアを左右するほどではない。

この機会にはっきりさせておこう。本書の目的は存在しないキルスコアを発明することではない。将来、私たちは過去をふり返り、マイクロプラスチックがもたらす長期的な危険性を過小評価していたと嘆くのかもしれない。だがいまのところ、プラスチックの消費量は私たちのキルスコアをさほど左右していない。研究が進めばプラスチックとの関係を悔やむことになる可能性はあるが、キルスコアの算定ではときに、持続が可能だったり不可能だったりするさまざまな選択が引き起こす相対的な関与度を把握する必要に迫られる。死者数を基準にするなら、持続可能性を脅かすものすべてに同程度の関与が認められるわけではない。

プラスチック汚染によって年間何百万もの動物が死んでいるという推計もあるが、本書のテーマは動物の死ではなく人間の死なので、ここでは取り上げない。いまそれを再確認したのは、ツリーハガーの刻印から自由になるよい機会だと思ったからだ。どうか誤解しないでほしい。私たちを取り巻く生物界を人間が計り知れない規模で破壊していることを、私は否定するつもりも軽んじるつもりもない。ただ、それはよくも悪くも、本書のテーマではないということだ。

企業のキルスコア：プラスチック汚染

個人のキルスコア算定の際に、プラスチックごみの扱いが甘すぎると思った人もいるのではないだろうか。そこで企業のキルスコア算定にあたっては順番を変え、大気汚染ではなくプラスチック汚染から始めることにしよう。

そうする理由はふたつある。第1に、プラスチックごみに関しては企業と個人で状況が大きく異なり、不適切な処理に関与している80億人の消費者のわずか1人か2人にすぎない私たちのキルスコアなど丸め誤差かもしれないのに対し、プラスチック産業は信じられないほど集中しているから。第2に、企業についてはプラスチックに関連する非常に多くのフットプリントが判明しているからだ。

これは主に、2021年に公開された「プラスチックごみメーカー指標」のおかげだ。この指標はオーストラリアの慈善団体、ミンデルー財団の資金提供によってつくられたもので、公開の時期を見れば、この分野における重要な研究はどれもまだ始まったばかりなのがわかるだろう。ミンデルー財団の研究だけでなく、本書で引用した論文の多くは本書の執筆中に発表されたものだ。

ミンデルー財団はフォーテスキュー・メタルズ・グループ（FMG）の元CEO、アンドリュー・フォレストの個人財団だ。ニュースサイト「ファイナンシャル・レビュー」によれば、アンドリュー・フォレストは2000年代半ばのある時点でオーストラリアの長者番付のトップに立っている。こんなことをわざわざ言うのは、データの出所が個人の資金提供を受けている場合、それをきちんと伝えるのが私の信条だからだ。

さて、財団の委託で行われたこの調査によれば、世界の使い捨てプラスチックの5割以上を20社が、約9割を100社が生産しているという。責任の集中がキルスコアを高めるとすれば、プラスチックはその典型と言える。

プラスチックの年間生産量のうち、使い捨てプラスチックが占める割合は約半分にすぎない。だが、汚染に関して使い捨てプラスチックが担っている役割は、量に見合わないほど大きい。使い捨てではない、たとえば建築資材に使われるようなプラスチックは、ストローのように海に流れ着くことはないからだ。そして言わせてもらえば、企業のプラスチック関連のキルスコアは過小評価されている。

ここでは企業の廃棄物関連のキルスコアを2段階方式で調べたい。スコアを誇張しているのではないかという疑いを晴らすために、まず、使い捨てプラスチックごみの半分にすぎないという慎重すぎる仮定を立てる。次に、前出のNGO、ティアファンドの調査を参考にする。気候危機を扱った3章では悲観的な推計値を採ったので、ここでは不適切な廃棄物処理による死者数を最少推計値の40万人としよう。さらに廃棄物の半分は生ゴミであるという世界銀行の見解を考慮し、廃棄物に占めるプラスチックの割合を25パーセントとすれば、その半分が使い捨てプラスチックということになる。ただしプラスチックが軽量化していることを考えれば、ここでも算出される数字は実際より控えめになる可能性がある。残念だが、推計の世界にはこうした不確実性はつきものだ。エクソンモービルのプラスチック生産量のシェアをもとに計算すると、同社のプラスチック汚染のキルスコアは年間2800人。プラスチック生産の最大手100社を合計すると、年間約4万5000人の死者が出ている計算になる。

企業のキルスコア：大気汚染

大気汚染関連の企業のキルスコア――最低限の寄与度――の算出は、プラスチック汚染よりさらに複雑な作業だ。というのも、汚染物質も企業の役割も工場の所在地も、すべてがまちまちだからだ。だが、調べるなら自動車産業がおもしろいだろう。ここ数年のディーゼルエンジンのスキャンダルがケーススタディーの格好の材料になるからだ。ありがたいことに、このスキャンダルについてはすでに計算してくれた人がいる。

フォルクスワーゲンのディーゼル・スキャンダルとは、実験室での規制基準試験の際にいわゆる「ディフィート・デバイス」を使用して、実際の走行時よりも汚染物質排出量のテスト値を減らしていたことが発覚した事件だ。マサチューセッツ工科大学（MIT）の研究チームは、この事件で基準値を超えて排出された汚染物質により、ヨーロッパだけで中長期的に1200人以上が亡くなると推計している。これは2017年までに車両が完全にリコールされ、改修されると仮定した推計だ。アメリカ人はあまりディーゼル車に乗らないため、アメリカの推定死者数はわずか60人だという。

世界中の自動車に起きているあらゆるタイプの排ガス規制違反（表に出てこない違反や自動車メーカーによる不正など）によってさらに汚染物質が排出されていることを考えると、それによる死者数は年間3万8000人以上にのぼる。さらに排ガス規制をクリアして排出された排ガスによって、なんと年間7万人が亡くなっているという。しかもこの数値はディーゼル車のみを対象にしたものであり、当時のディーゼル車の数は、自動車生産台数のわずか3分の1だった。

2019年の別の研究は、2015年には約38万5000人が自動車の排気ガスによって早死にし、そのうちの半数はディーゼル車が原因で亡くなったと結論づけている。他の条件がすべて同じと仮定すれば、フォルクスワーゲンのような市場シェア8パーセント前後の自動車メーカーなら、年間約3万人の死者を出している計算になる。

こうした記述には、必然的に次のような注釈が続くことになる。「フォルクスワーゲンのマーケットシェアは常に同じというわけではない。シェアだけを単独で見るのではなく、生産中の自動車の燃料の種類や燃費なども同時に見る必要がある。このデータには不確定要素が含まれている。ディーゼル車による死者数は、ふたつの論文の片方では約10万8000人、もう片方では19万2500人となっている」

たしかに、ある程度の不確実性があることは認めざるを得ない。それでも言えるのは、この分析によれば毎年1万5000人から3万人が、フォルクスワーゲンのロゴがついた車の排気ガスを吸い込んだせいで亡くなっているということだ。これが、いま手に入る世界最高の科学的証拠に基づいて私たちが知りうる現実だ。どんな命もかけがえがないのだから、この状況は是正しなければならない。そして、たとえ不確実性があろうと、多数の人が亡くなっている現状を認識することが重要だ。

金融機関のキルスコア

前章で気候変動に関してしたのと同じように、廃棄物に関しても第3の役者を紹介しよう。金融機関、つまり企業のオーナーである投資家だ。ただし、廃棄物と気候変動の問題には重なる部分があり、前章で述べたことの多くがこちらにも当てはまるので、ここでくり返し説明する必要はないだろう。とくに大気汚染に関してはそうだ。

だが、プラスチック汚染にはさらに、政府という予期せぬ役者が加わる。ミンデルー財団の分析によると、使い捨てプラスチックの製造業者上位100社の全株式の約18パーセントを、実質的にはサウジアラビアが（サウジアラムコを通じて）単独で所有している。また各国政府の持ち分の合計は全株式の約3分の1にのぼる。これによって個人の年金、保険、投資のフットプリントは明らかに、劇的に減る。同時に政府のフットプリントについて新たな疑惑が生じるが、それについてはあとで集合的なフットプリントを取り上げる際にあらためて考える。ここではあまり気にしないことにしよう。

もちろん、プラスチック企業に投資しているのは各国政府だけではない。大手資産運用会社のブラックロックやバンガード・グループも花形役者だ。ここではインドの大富豪ムケーシュ・アンバニについて考えてみよう。『フォーブス』誌によれば、アンバニはアジアナンバー1の、世界でもおそらくトップ10に入る資産家で、使い捨てプラスチックメーカーとしては世界第8位のリライアンス・インダストリーズの株式の5割近くを保有している。これは世界の使い捨てプラスチックの全生産量の1・5パーセントにあたる。エクソンモービルのときと同じ計算を当てはめると、アンバニの投資キルスコアは年間750人となる。

責任分配に関する問いも、私たちがプラスチックから得ているものについての追記も、ここでまたくり返す必要はないだろう。ここでは豆《ビーン》を、つまりキルスコアをカウントするだけでよしとしよう。

ただし、2016年にこのリライアンス・インダストリーズの工場で契約社員として働いていたパンドゥラン・バブレの話に進むなら、彼を死に追いやったのはプラスチックではなく、危険な労働環境だった。それが次の犯行現場だ。

5 労働関連死 第3の現場

労働による死の事例

労働にまつわる犯行現場の例として完璧なのが、パンドゥラン・バブレのケースだ。バブレはムンバイ郊外の小さな町ラサヤニでタンカー内の石油を検査している最中に死んだ。タンカーは汚れていて滑りやすく、作業員の訓練は不足していた。リライアンス・インダストリーズ社の工場長は、バブレの死因は心臓発作だったと供述した。もしそれが本当なら、バブレの死はインドの死亡統計の数字のひとつにすぎないことになる。だが、工場側の企《たくら》みはうまくいかなかった。バブレにとっては遅すぎたが、作業の責任者が裁判所に訴えたのだ。

職場での死と聞けば、たいていの人がこうした不幸な事故を思い浮かべるだろう。歴史が証明しているとおり、死因は明らかに危険な労働条件であり、いわゆる第三世界の問題だ。だが労働関連死においては、これとは別の、最多の死因が存在している。そこで本章では、バブレの事件とは別の犯行現場を取り上げることにした。ドイツの首都から飛行機でわずか2時間の、おそらく予想外に身近な場所だ。

ロンドンのメリルリンチでインターンとして働く青年モーリッツは、ある朝、7時になっても職場に姿を見せなかった。同僚たちはみな、彼が寝過ごしたのだと思っていた。モーリッツは午後2時の会議にも現れず、呆《あき》れた顔をする人もいた（同僚たちの証言によると、モーリッツは人気者だったので、みんなが大目に見ようとしたようだ）。夜8時半になってようやく、仲間のインターンのひとりがベスナル・グリーンにあるモーリッツのアパートに様子を見に行った。

シャワーが出っぱなしになっていた。21歳のモーリッツは水浸しの床に倒れて、15時間前に亡くなっていた。水は下の階には漏れていなかったが、窒息死するにはじゅうぶんな深さだった。

検視官はのちに、死因をてんかん発作と断定した。モーリッツが服を脱いだときにはすでに何らかの症状があり、シャワーの栓をひねったあとで大きな発作が起きたらしい。モーリッツは倒れて意識を失い、溺死したものとみられた。

2013年のその夏、モーリッツは3度目の「マジック・ラウンドアバウト」を終えたばかりだった。マジック・ラウンドアバウトとは当時よく使われた言葉で、朝5時にタクシーで帰宅し、運賃メーターを動かしたままタクシーを待たせてシャワーを浴び、きれいなシャツを着てオフィスに戻ることを言う。タクシーをもう一度探すより簡単だ。当然ながら、まだUberやLyftといった配車サービスがなかった頃の話だ。

モーリッツは72時間眠っていなかった。6週間で6000ポンドの報酬が支払われるインターンシップの一環として、3日間ぶっ通しで働いていたのだ。

数カ月後、メアリー・ハッセルという検視官はイギリスの法廷で次のように論じた。「モーリッツ青年はこの上なく充実した生活を送っており、明らかに人生を満喫していました。疲労が致命的な発作を引き起こした可能性はありますが、たまたま発作が起きただけとも考えられます。そして、こうした発作がたまたま起きることは実際にあります。てんかんをもつ人の多くは長生きしますが、残念ながら、ときにはこのように突然死に至ることもあり、モーリッツのような若く健康な人も例外ではありません」。検視官は「てんかんの発作を引き起こす原因のひとつに疲労があり、モーリッツは激務をこなしていたため、過労が原因で発作が起き、死に至った可能性はあります」とも認めている。「ですが、それはあくまでも可能性です。ご遺族には、モーリッツ自身の行動が死を招いたと考えてほしくはありません」

検視官がなぜ、3日間仕事漬けだったモーリッツが「人生を満喫」していたと考えるのか、私には正直わからない。もっとも『ガーディアン』紙に掲載されたモーリッツに関する記事の中で、匿名のインターンがこれとほぼ同時期に語ったところによれば、連続勤務時間が100時間を超えることもあったが、モーリッツはそれを「とても楽しんでいた」という。

本書では終始一貫して可能なかぎり事実を述べ、私自身の判断を差しはさむのは控えるよう努めるつもりだが、ここでは少しだけ許してもらいたい。どうして3日間ぶっ続けで働いたのがてんかん発作の原因だと考えられないのか、私には理解できない。モーリッツの父親もやはり理解できないらしく、発作の原因は睡眠不足だと会社を非難している。

モーリッツの事件はよく覚えている。本書で取り上げた事件のうち、私がリアルタイムで報道に接した数少ない事件のひとつだからだ。私もロンドンでインターンとして働いたことがあり、その際通ったイングランド銀行のオフィスは、モーリッツがいたメリルリンチからほんの数ブロックのところだった。モーリッツの出身はブライスガウという小さな村で、ドイツの中でもとくに時間が止まったような場所だ。時間の流れからこぼれ落ちたその村の息子が時間の急流に吞まれて亡くなったのだと思うと、いたたまれない思いだった。私のインターンシップには残業はなかったが、その夏にアパートをシェアしていた友人はバークレイズのインターンとして、モーリッツと同様の生活リズムで働いていた。私のほうがモーリッツより年上だが、2歳しか離れていない。

モーリッツの事件は波紋を広げた。ゴールドマン・サックスは（モーリッツの雇用主ではなかったが）それまでになく共産主義的なところを見せ、インターンの労働時間を朝7時から夜中の12時までの1日17時間以内に制限すると決定した。一夜にして、ロンドンの金融街の誰もが、ディケンズの小説から抜け出したかのようなそれまでの長時間労働から解放されて、まともな労働時間を取り戻した――というのは冗談で、そんなことは起きなかった。基本的にどの金融機関も、新たな死者を出したり（あるいは訴えられたり）することがないよう規則を見直したうえで、いつもの仕事に戻っていった。

過重労働の実際

金融業界だけを批判するのは不公平だろう。私がベルリンでシンクタンクを立ち上げた2016年には、私の1週間の平均労働時間は70時間台の半ばから後半だったと思う。同じ年の『アトランティック』誌にも、NPO法人やシンクタンクの職員が信念をもって仕事に打ち込むあまり、過重労働に陥っている事例を列挙した長編記事が掲載されている。もちろん、この程度の長時間労働はめずらしいことではない。私の妻は看護師だが、週4日連続で夜勤に入る過酷なスケジュールを見ていると、心臓の弱い人には勧められない仕事だと思う。

では、実際に過重労働で亡くなる人はどれくらいいるのだろうか。結局、知りたいのはそこだ。これは、子どもが寝ているあいだにプレゼン資料を完成させようと深夜まで働く人を慰める会ではない。長時間労働による死者数を、あなたは想像できるだろうか。その数が何人程度なら納得がいくだろうか。

この章では国際労働機関（ＩＬＯ）の統計にたびたび頼ることになるが、そのＩＬＯは、過労死する人の数を年間約74万５０００人と推計している。長時間労働による死が、世界の年間死者数の約１パーセントを占めているのだ。この死者数は、新型コロナウイルス感染症のパンデミックの最初の18カ月間におけるＥＵ圏の全死者数に匹敵する。

だが、これは業務上の死亡者数の合計ではない。業務上の死亡者数は、年間２００万〜３００万人にのぼる。何かの間違いではない。職場安全衛生研究所は２８０万人、ＷＨＯとＩＬＯは２００万人と推計している。

この章にモーリッツを登場させたのは、あなたに注意を促すためでもあった。モーリッツの事件は明白な因果関係を欠いているため、業務上の死であると立証するのは困難だ。銀行員が3日間不眠不休で働いて亡くなったという報道はめったにない。職場での死はどこでも起きうるが、新興市場や南半球に多くみられる問題であることは疑いない。この章を読みはじめたとき、あなたが真っ先に思い浮かべたのはおそらく、大気汚染や鉱山事故関連の死だったろう。あなたが想像した被害者はパンドゥラン・バブレであって、金融街を闊歩《かっぽ》する身なりのよい銀行員ではなかったはずだ。だが本当は、モーリッツの話こそが過重労働による死の典型例なのだ。労働関連死の死因トップは過重労働、つまりILOの用語で言う「長時間労働への曝露」なのだから。

気候変動を扱った際と同様、「科学的な責任帰属」の概念はとてつもなく複雑だ。72時間不眠不休で働いて業務中に亡くなったモーリッツのケースでさえ、業務上の死亡には分類されなかった。では、これが老人だったら？ 生涯働き詰めで疲労困憊《こんぱい》していた老人がロッキングチェアに座ったまま心臓発作で亡くなったとして、その死を仕事のせいにできるだろうか。

労働による死因ランキング

前述のとおり、私たちが消費する商品やサービスを生産するために亡くなっている人の数は、世界で年間200万人にのぼる。では、その200万人とは誰で、死因は何なのだろう。200万人の死のおよそ8~9割は、基本的に4つのカテゴリーに分類できる。

ひとつ目が前述の長時間労働を原因とする死で、4割近くを占めている。

次に多いのが職場における空気汚染だ。これはILOが「職場における空気汚染(粒子状物質、ガス、蒸気)への曝露」と呼ぶもので、これによる死者数は約45万人、全体の2割強を占める。この死者数は、おそらく前章で調べた大気汚染による死者数と部分的に重複している。だが、各地域のデータ収集方法にじゅうぶんな透明性がないため、突き合わせてチェックするのはほぼ不可能だ。

そして、3位でしかないのが労働災害、事実上の産業事故だ。年間死者数は約36万人、全体の2割弱。労働災害死については、このあと企業と職場のキルスコアを算出する際にさらに詳しく見ていく。このタイプの死は最も把握が容易だ。業務上の死亡について考えるとき、最初に頭に浮かぶのはもちろんこの労働災害だが、その理由のひとつは、死と仕事とのあいだに明らかな因果関係があることだ。なにしろ、職場が犯行現場なのだから。

しかも労働災害はメディアに格好のネタを提供する。鉱山事故は新聞の経済欄の常連だが、労働災害の規模はさまざまだ。本書の執筆中、私の頭から離れなかった事件がある。アマゾン従業員のラリー・バーデンがイリノイ州で竜巻に巻き込まれて亡くなった事件だ。ラリーは亡くなる前に、13年来の恋人に「アマゾンが帰らせてくれない。嵐が去るまではだめだと言われた」というテキストメッセージを送っていた。実際のところ、嵐の中を運転して帰るのもよい考えとは思えないが、結局、倉庫が竜巻に吹き飛ばされて倒壊し、ラリーは倉庫内で亡くなった。後味の悪いこの一件は、アメリカのメディアで大きく取り上げられた。ラリーの死はどう分類すべきだろうか。業務上の死か、長時間労働による死か、それとも、そのいずれでもないのだろうか。もしかすると、死因は気候変動という可能性もある。

死因第4位はアスベストで死者数は年間約20万人、労働関連死の約1割だ。以上4カテゴリーの死者数を合計すると、労働関連死のほぼ9割を占める。残りの死因は、職場におけるその他の毒物への曝露だ。この毒物にはベンゼン、ニッケル、ヒ素、トリクロロエチレン、硫酸、ホルムアルデヒドなど、難しい発音の金属や化合物と、それらの派生物が含まれる。ディーゼル車の排気ガスもこの小さなカテゴリーに含まれている。

気候変動や大気汚染に大きく影響する燃料の全般的な害に比べれば、職場における排気ガス関連の被害はまだコントロールが容易な問題だ。

目に見えぬ労働関連死と奴隷制

55歳の経営コンサルタントが、フランクフルト郊外で心臓発作で亡くなったとしよう。その死が新聞の一面を飾ることはない。理由はもちろん、職場とは直接の関係がないからだ。統計の数字には反映されるが、そこにストーリーはない——と思われがちだが、本当はある。統計。年間100万人近くが長時間労働で亡くなっているという、れっきとしたストーリーが。統計上の労働災害は氷山の一角であり、目に見える災難だ。しかし水面下には、それよりずっと巨大な氷塊が隠れている。

目に見えない死のほとんどが見えないままになっているのは、労働の世界で使われる特別な指標、いわゆる「障害調整生存年数（DALY）」とも関係がある。これは、本来なら健康に生存できたはずなのに失われた生存年数を表す指標で、算出にあたっては障害や病気（もちろん早死にも含まれる）を伴う期間を加味した総合的な「疾病負担」が勘案される。この指標を使った場合、長時間労働は他の要因とひとくくりに処理されるためにほとんど認識されず、労働災害に次ぐ死因の第2位でしかなくなる。DALYに基づく計算では、2016年には労働災害によって、世界全体でおよそ2500万年分の「生存年数」が失われたという。

本書は死をテーマにしているのだから、目に見えない死についても検討すべきだろう。職場外で起きた労働関連死を検討対象から除外する前に、労働災害のうちおそらく最もよく知られた例、つまり9・11の初期対応者（救急隊員や消防隊員、警察官等）たちの死について考えてみよう。彼らの死は労働関連の死だが、職場だけで起きたわけではない。事件当日にも現場で多数が亡くなったが、このとき吸い込んだ毒物が原因で、後日、当日以上に多数の人が亡くなっている。このように9・11は、キルスコアを算出するうえで格好の統計的事例でもある。これに関しては世界中で研究が進んでおり、9・11の初期対応者や世界貿易センタービルで働いていて生き残った人々においては、さまざまな疾患の発生率が一般集団と比較して明らかに高いことがわかっている。この事例は、長期的な影響を真剣に捉える必要があるという政治的な課題を示すとともに、当日だけでなくその後の何千日にもわたって自国民のケアを怠ったアメリカ政府の失態をも露《あら》わにしている。

こういった統計は、個人に起きたさまざまな悲劇が集積されてできたもので、死のそれぞれに独自のストーリーがある。「多くの人間は静かな絶望の日々を送っている」とヘンリー・ソローは言った。だが、世界で4000万人以上が直面している現代の奴隷制ほど静かな絶望は、他のどこにもない。そして、奴隷制はすべての国に存在している。世界の貧しい国のためだけに取り置かれた運命だと思い違いされるといけないので言うが、「世界奴隷指標」によれば、韓国にはおよそ10万人の奴隷がいると推定され、アメリカでは50万人近くにのぼるという。現代の奴隷のうち年間どれだけの死者が出ているかは不明だ。というのも、この問題については信頼できる情報がほとんどないからだ。死者数が不明なため、キルスコアに算入することもできなければ、カウントされている死者数とされていない死者数の比率もわからない。だが、現代の奴隷の少なくとも年間0・5パーセント、つまり200人に1人が労働が原因で死んでいると仮定しただけで、現代の奴隷制は死因第4位のアスベストに並ぶだろう。

そうしたストーリーのひとつひとつを、すべて結びつけるのは難しい。だが、個々のストーリーを語ろうとするなら、その人たちがどんなふうに亡くなっているのかを、より深く理解する必要がある。それは、おそらく不快な真実を暴くことにもつながるだろう。

本書で人を死なせることについて話すとき、私たちはいつも、被害者は私たちの身近な人ではないと思い込んでいる。あなたが欧米人なら、キルスコアの構成要素の中には、あなたとはまったく無関係なものもあるかもしれない。気候変動による死は、南半球の発展途上国、いわゆる「グローバル・サウス」に偏って起きている。罪のない人々の死が（そして気候変動に関して言えば、グローバル・サウスの人々に罪はない）非常に多く含まれるのは、環境関連のキルスコアの瑕疵《かし》ではなく特徴のように思われる。だが、社会問題のキルスコアに目を向けると、見える景色は変わってくる。そして、キルスコアに対する私たちの理解もまた、変わることになる。

長時間労働は人を死なせるというくだりを読んで、あなたはほぼ確実に、18時間労働の搾取工場を――現代版の奴隷の労働環境を思い浮かべたことだろう。モーリッツの話でそんな思い込みを多少は是正できたかもしれないが、あれは極端な例だ。72時間不眠不休で働いたなんていう話はたいてい、パブでの夜の戯言《たわごと》であって、働く大衆の現実ではない。

しかし、55時間労働ならどうだろう。土日は休むとすると、週55時間労働は朝8時から夜7時まで、あるいは朝9時から夜8時までの1日11時間労働を意味する。でなければ、朝9時から夕方6時半までという平均的な労働時間に夜間の残業と週末の半日勤務が2、3回加わる、そんな働き方だ。たしかに仕事量は多い。だが私の経験によれば無茶でも不可能でもなく、私の友人たちの働き方と比べてもさほど特別ではない。職種によっては、少なくともある年齢層においては、ごく一般的とさえ言える労働時間だ。

しかしWHOによれば、それだけ働くと脳卒中で死ぬ確率が約35パーセント、心疾患で死ぬ確率が17パーセント上昇するという。これに基づいて計算すれば、ある程度の長時間労働をしている場合、脳卒中で亡くなる人の割合は20人に1人から、10人に1人弱にまで増え、心疾患で亡くなる割合も4人に1人から、3人に1人弱に増える。

労働と死の因果関係

WHOをはじめ各所で行われた複数の研究を見ると、このような死にはいくつもの要因があるらしいとわかる。長時間労働は、飲酒、麻薬、喫煙、運動不足といったそれ以外の悪癖に駆り立てるという手を使って、人を死なせることがある。これらの殺人については、すでに1章で、人は死なせないが自分自身を死なせる「ライフスタイルによる死」としてひとまとめに分類した。だがそこでは、そうした悪癖そのものを直接の殺人犯とみなした。さまざまな悪癖という凶器が、誰によって、どのように使われているかまでは考慮しなかった。

厄介なのは、仕事に癒やしを求める人もいることだ。「ワーカホリック」という言葉は、だからこそ生まれた。多くの場合、仕事依存症は軽度で、「ワーカホリック」にとって仕事は喜びの源だ。それでも、支払わねばならない代償はある。仕事がもはや心の栄養にならななくなったとき、生きる理由を見失う人が出てきかねないのだ。世界最大手の保険会社チューリッヒ保険会社のCEOだったマルティン・ゼンの自殺の経緯はまだよくわかっていないが、彼が自殺したのは退職して間もなくのことだった。金融業界人の労働関連死を紹介するのは、これでふたり目だ。

飲酒についてはどうだろう。私たちは、酒を飲むことで自らを死なせているのだろうか。それとも長時間労働のせいで飲酒へと駆り立てられ、殺されているのだろうか。ここからがあの「アトリビューション研究」――こうした要因の寄与度を考慮し、それに応じて責任を分担する、進歩した科学の出番だ。アトリビューション研究によって確認されていることが、少なくともふたつある。酒のない世界では長時間労働で亡くなる人が減ること、そして長時間労働の少ない世界では飲酒で亡くなる人が減ることだ。これは「千の切り傷による死」に分類される死だ。切り傷ひとつでは人は死なない。だが、死者が1000人出たとすれば、切り傷ひとつにつき1人の人間が殺されたことになる。

長時間労働による死にはもうひとつ、より内面的で重要な要因がかかわっている。ストレスだ。ここでもまた、幸せな家庭、親密な友人関係、落ち着いた性格、経済的安定、愛情など、その人の置かれた環境のすべてが、仕事のストレスを軽減したり増幅させたりする可能性を秘めている。孤独はストレスと大きくかかわっていて、仕事一辺倒のライフスタイルはストレスを増大させる。

　このように、ライフスタイルだけでなく、さまざまなキルスコアが複合して合併症を引き起こしている。ここでもまた注釈をつけたり、科学的根拠をくり返し説明したり、ニュアンスを変えたりはできる。だが何をしようと、この章の核心となる真実は変わらない。それは、長時間労働は人を死なせるという真実だ。

　労働関連死には死因の特定が容易なケースもある。2021年、ニジェールの旧黒人居住区ダン・イッサで、鉱山の崩壊により18人が死亡した。亡くなったのは、金《きん》を（私たちのiPhoneと虚栄心を満たすために）採掘していた人たちだった。また、人口が300万人にも満たないカタールでは、過去10年間に6500人以上の移民労働者が死亡しており、その多くがカタールで開催されたワールドカップに関係していた。しかも、そこだけを見ていては全体像を見誤る。紛争鉱物の採掘や経済的混乱など、移民の労働から副次的に生じる政治経済的影響による死は、この統計には含まれていないからだ。

　グローバル化した今日の労働環境は、歴史的に見てもまれなほど多数の犠牲者を出している。新型コロナウイルス感染症による死者数は2022年1月には550万人に達したが、この2年間で見ると、労働関連の死者数はパンデミックによる死者数とほぼ等しい。犠牲者の数は判明している。それでは、殺人犯は誰なのだろう。

消費者のキルスコア

今回もまず、個人＝消費者のキルスコアを調べるところから始めよう。労働について考える際にわかりやすい手がかりは、あなたが購入するモノだ。2020年の1年間に、私たちは全世界で約85兆ドル分のモノやサービスを消費した。平均的なドイツ人は消費を通じ、経済活動の全フットプリントの約0・000000001パーセントに「寄与」している。この数値はそれほど多くはないが、現在の地球の総人口が80億人近いことを考えれば、驚くほど少なくもない（当初70億人と書いたが、その後確認したところ、なんと80億人弱まで増えていた。本書が出版される頃には80億人を突破しているだろう。「70億人の日」が2011年10月31日だったことを考えると信じがたい増加スピードだ）。

ドイツ人1人あたりの年平均所得を4万9000ユーロとし、（労働年数を40年間とし、残る40年間は学生生活や年金生活のため平均して1年分の所得の半分しか得られないと仮定して）これを60倍した額を生涯に消費するとすれば、ドイツ人は消費を通じて労働関連死に「寄与」した結果として、1人につき生涯で約0・1人を死なせる計算になる。これは、2020年のレベルならこうなるという話にすぎない。このキルスコアは人口と労働関連死が増えれば上がり、何らかの対策が講じられれば下がるだろう。

もうひとつ、世帯ごとに計算する方法もある。今度は労働関連の死者数を高めの推計値280万人として、高所得世帯の消費キルスコアを考えてみよう。世帯所得を約20万ユーロとし、これを家族2人で消費するとすれば、世帯あたりのキルスコアは生涯で約0・5人となる。つまり、高所得世帯2世帯につき1人の死者が出る計算だ。

労働関連の個人のキルスコアが気候変動のキルスコア（生涯に2人）よりはるかに低いのはなぜかと、疑問に思う人もいるだろう。すでにお気づきかもしれないが、労働のキルスコアと気候変動のキルスコアとのあいだには決定的な違いがある。いま現在、大量に起きている業務関連死の数は、今後起きるかもしれない気候変動による死の数よりずっと緻密に計算できるという違いだ。

隠れた労働関連死と企業

ある種の消費が気候変動をとくに促進するのと同じように、労働関連死の場合も、危険性が突出して高い職種が存在している。すべての仕事が同じような条件下にあるわけではない。

危険な職業に関する論文を調べると、ほぼ予想どおりの結果が出る。目を引くのはせいぜい、そういう危険な職業が、他の分野のキルスコア捜査でも焦点となる犯行現場と密接に結びついていることぐらいだろう。石油掘削作業、プラスチックごみやその他廃棄物の収集、トラックの運転手などは多くの高危険度リストに登場する。なかでも最も多くのリストに登場するのが鉱山労働者だ。彼らはあらゆる最悪の事態を想定しなければならない。大気汚染、水銀・鉛・銅・粉塵《ふんじん》による中毒、そしてもちろん、昔からなくならない鉱山事故などを。

　気候変動による未来の死者数の算出は、まだ起きていない気候変動についての予測が絡むため難しいと言ったが、鉱山事故による死者数の算出もまた、簡単ではない。世界の鉱山で働く約4500万人のうち、約9割は違法に、あるいは追跡困難な小規模な鉱山で働く労働者だ。世界最多の鉱山労働者を抱えるブラジルでは、鉱山事故関連の死者数が最大で5割も過少申告されているという試算もある。

　2019年にブラジルのブルマジーニョ鉱山で起きた尾鉱ダム［採掘した鉱石から有用鉱物を採取し製錬する過程で生じる廃棄物を貯蔵・処理するダム。多くの場合、有毒物質が大量に含まれる］の決壊事故がよい例だ。この事故では259人の死亡が確認されたほか、11人が行方不明となっている。『ウォール・ストリート・ジャーナル』紙の記者が行った調査によれば、死亡者のひとりであるミランシベル・ローザはオランダのエンジニアリング企業の社員だったため、彼の死は鉱業関連ではなくエンジニアリング部門の労働関連死に分類されていた。ほかにもケータリング会社の従業員9人が亡くなったが、同じく鉱山事故による死者数には含まれていない。採掘現場に生き埋めになって亡くなったこの人たちは、国の統計によれば「食事サービス」という業務の危険に身をさらしていたことになる。

これはブラジルや途上国・新興国だけの問題ではない。２０１０年から２０１８年にかけて採掘現場で発生した83件の死亡事故をオーストラリアのあるＮＧＯが追跡調査したところ、同時期の年次会計報告書で開示されたのは68件にとどまっていた。ブルマジーニョ鉱山の調査を行ったあの『ウォール・ストリート・ジャーナル』の記者は、さらに衝撃的な事実を明らかにしている。鉱山会社は通常、自社が完全所有する会社の死者数のみを開示し、出資しているだけの会社の死者数は開示しないというのだ。もしその両方の死者数を開示したとすれば、死者数は資源メジャーのリオティントとＢＨＰで現在報告されている数の倍以上となり、同じく資源メジャーのアングロ・アメリカンとバーレでは約25パーセント増える。グレンコアでは増加が比較的少なく、10パーセントほどだという。

この調査結果が提起している説明責任の問題はあとでまたあらためて取り上げるにしても、自社経営以外の鉱山で起きた死亡事故まで、本当に開示すべきなのだろうか。逆に、共同で管理し、その活動に資本参加している鉱山で起きた死亡事故を除外するのは正当と言えるのだろうか。企業はそれらの鉱山から、結局は利益を得ているのだ。また、複数の企業の共同出資による子会社が鉱山を経営している場合はどうだろうか。2013年にコロンビアのセレホン炭鉱で起きたホルガー・オナテの死亡事故は、セレホンの年次レポートに開示されていない。セレホン炭鉱はアングロ・アメリカン、BHP、グレンコアの3社が共同で経営し、採鉱を行っている炭鉱会社だが、この3社の報告書にもやはり記載されていない。2010年以降にこの炭鉱で起きたその他6件の死亡事故についても同様だ(BHPが開示した1件のみが例外)。

投資家のキルスコア

投資家の労働関連キルスコアについて語るのは、ふたつの理由で困難だ。ひとつには、少なくとも典型的な災害に関しては、投資家に対するある種の信頼感のようなものが醸成されていることがある。

ブルマジーニョの事故のあと、イギリス国教会年金理事会とスウェーデン年金基金倫理委員会は「投資家による資源採掘および尾鉱ダム安全確保イニシアチブ」を立ち上げた。このイニシアチブには現在、20兆ドルの資産を運用する100以上の投資家が参加している。

同委員会は、業界を巻き込んで尾鉱管理に関するグローバルな基準を策定しており、この問題に真剣に取り組んでいることがうかがえる。こうした取り組みで減らせるキルスコアはほんのわずかであり、ごく小さな前進にすぎないが、パート３の「裁判」で見るように、ごく小さなことに驚くほどの力があるのだ。

労働のキルスコアの把握が投資分野においては困難なふたつ目の理由は、より広範な視点からこの問題を捉えると見えてくる。労働法や従業員の安全といった一般的な問題への取り組みがあまりに多いため、金融機関（つまり投資家）はその陰に隠れてしまうのだ。そして、大きな資本を動かす彼らは、過重労働や労働災害といった問題をこれ幸いと見過ごしている。

だが、興味深い動きもある。ドッド・フランク法だ。この法律の第１５０２節には、紛争鉱物に関する規定が盛り込まれている。具体的に言うと、アメリカの上場企業は、紛争地域から調達した鉱物の正確な原産地を特定し、そのサプライチェーンを明らかにすることを義務づけられている。この法律に罰金の規定はないが、透明性が消毒薬の役割を果たすことが期待されている。いまだ論争の的となっている法律だが、複数の企業が問題の起こりそうな地域からの撤退を決めたのは、明らかにこれを受けてのことだろう。

一方コンゴでは手掘りによる採鉱が法律で禁止され、その後鉱物資源の輸出が激減した。

失業と貧困が増加した結果、ある調査によれば、紛争も激化したという。これは厳密に言えば金融界や投資家のしたことではなく、政治的な規制措置が企業活動の変革に一役買った例だ。だがいずれにせよ、陰にいる金融機関（投資家）が間接的に（ときに逆効果だとしても）、労働のキルスコアに影響を与えていることを物語っている。

ドッド・フランク法への対抗措置として、一部の企業は、精巧な会計システムを構築して法律を骨抜きにしてしまった。それ以外の企業は、この法律を受けて問題を解決しようとするのではなく、紛争を避けて撤退した。

次はいよいよ、最後の犯行現場だ。この現場も、タイプは異なるものの、やはり「撤退」に関するものだ。個人的な交流から撤退し、オンラインで消費するという選択が生み出した、最後の殺人犯。その名は「匿名消費」だ。

6

匿名消費と孤独　第4の現場

ソーシャルメディアの犠牲者

歴史学者のあいだでは、文学史上「最初の小説」はどの作品かという興味のつきない議論が続けられている。最有力候補は11世紀の日本の宮廷女官、紫式部による『源氏物語』だ。『源氏物語』は（少なくともわれわれが知っている小説の中で）おそらく史上初の小説であること、ヴァージニア・ウルフに影響を与えたことで知られているが、それ以上にこの本を有名にしているのはその長さで、史上最長の本トップ25に常にランクインしている。なんと75万語、本書の約12倍もの長さだという。

『源氏物語』の最新の訳書は約1300ページになるが、実は一部の章が失われている可能性も指摘されていて、もしそうならこの小説はさらに長かったことになる。それでもなお、この小説はその広々とした物語空間を有効に使っている（とされている）。紫式部の生き生きとした人物造形は、読者を感情移入させる。なにしろ75万語以上にわたる物語なので、登場人物の人格は本書よりはるかに深く掘り下げられている。登場人物は成長し、微妙な陰影を示し、そしておそらく最も重要なことに、その物語空間が読者とのあいだに親密な関係を築く。『源氏物語』を読み終えた人は、優れた長編小説を読んだときの常として、登場人物を知り合いのように身近に感じるようになる。登場人物が私たちの友人になるのだ。

賢明な読者なら、私が『源氏物語』を読んでいないことはお見通しだろう。だが、私は学生時代に『アンナ・カレーニナ』を読んだ。35万語の作品で、私の読んだ版では992ページあった。いまの私にはとうてい読み通せないだろう分量だ。『アンナ・カレーニナ』を読んだことは、自分を変えた人生最大の文学体験だった。アンナ、リョーヴィン、ヴロンスキー伯爵、キティなどの登場人物がリアルに感じられた。彼らは私に話しかけてきたし、ときにはこちらから話しかけている気がすることもあった。

モリー・ラッセルが14歳になったとき、彼女のスマートフォンやソーシャルメディアのアカウントには5000ページ以上のコンテンツが記録されていた。もちろん、その多くが画像や動画だったが、それらが伝える情報量は膨大で、テキストに換算すれば少なくとも数万語分になるだろう。紫式部は12年かけて作品を完成させたと推定されるが、モリーはわずか2年間で5000ページを生み出し、消費したことになる。

だがモリーのテキストをどれだけ念入りに読み解いてみても、『源氏物語』や『アンナ・カレーニナ』に書かれているようなことは見当たらない。感情移入できる人物も、美しく咲き誇る友情も、成熟した人格も描かれていない。モリーの人物造形は文学的な意味ではなく、直接的な意味で悲劇的だった。2017年、モリーは自ら命を絶った。捜査当局が彼女のスマートフォンのさまざまなソーシャルメディアのアカウントに残された5000ページ相当のコンテンツを調べたところ、見つかったのは恐怖の記録だった。不安、うつ、自傷、自殺に関するデータが大量に含まれていたのだ。両親は、それらがモリーを自殺に追いやったのだと結論づけた。モリーの遺書にはこう書かれている。「私はキモい妹。おとなしすぎる娘。陰気な友人。孤立したクラスメート。私なんて、いてもいなくても同じ。何の価値もなくて、のろまで、暗くて、弱くて、終わってる。ごめんなさい。またいつか会いましょう。みんな大好きです。どうか幸せにね。強く生きてください。心からのキスを送ります」

本書で扱うケースはおそらくどれをとっても複雑だが、モリーのケースもやはり複雑だ。ソーシャルメディアは諸刃《もろは》の剣で、その刃は鋭く致命的だ。有害な匿名空間を作り出し、その空間が私たちの内なる最悪の部分を解き放つ。ハラスメント、いじめ、自傷行為のスパイラル。その空間に生まれるコミュニティーはあまりに多くの場合、私たちの、そしてコミュニティーそれ自体の、最悪の部分を増幅する。そういう意味でインターネットやソーシャルメディアと結びついた自傷行為は、本質的に社会現象と言える。

ソーシャルメディアにはまた、人を人から引き離すという別の一面もある。世界初の大手携帯電話会社ノキアのキャッチフレーズは「人と人とをつなぐ（Connecting People）」だったし、ネット空間では実際にそのとおりのことが起きた。だが、スマートフォンやソーシャルメディアが主流になってからの10年間、人々の孤独感は強まる一方だった。ノキアが実際にしてきたのは、仮想《バーチャル》な空間で「人と人とをつなぐ」と同時に、現実生活においては人を人から引き離すことだったのだ。

孤独な現代社会

この章のテーマはインターネットやソーシャルメディアによるいじめではない。現代のテクノロジーの弊害をあげつらって非難することでもない。また、パンデミック以来とりわけ流行している、孤独について論じることでもない。この章で取り上げる問題は、次のふたつだ。

1　私たちはどの程度、経済的な関係性を変化させて匿名性を生み出してきたのか。

2　その匿名性はどの程度、私たちのキルスコアに寄与しているのか。

この章のタイトルに「匿名消費」とあるのは、私たちが市場に参加することで生じる特定の社会的関係性について考察するつもりだからだ。気取った言い方をすれば、その関係性を私たちがどれほどまでに匿名性のベール（主にパソコンやスマートフォンの画面）の陰に移動させているかを表すのが「匿名消費」だ。平たく言えば、孤独は人を死に追いやる。私たちは消費や生産に際して互いに距離を置くことで、孤独をつのらせ死を招いている。

モリー・ラッセルの現場は一見、まったく犯行現場らしくない。少なくとも、本書の読者は誰ひとり、この現場にはかかわりがないだろう。ここで起きたのは自死だ。1章で説明したライフスタイルによる死とも違う、ひとりの人間が自ら決断した死だ。だが、さまざまな状況がこの死を引き起こしたことは間違いない。それは学校でのいじめかもしれないし、不届きな企業が送りつけてきた有害なコンテンツだったかもしれない。だが、それが本書の読者とどんな関係があるのだろうか。

少し調べれば、犯行現場に残されたブーツやハイヒールの足跡が見えてくる。私たちとモリーとのあいだにこれまで何の関連もなかったとしても、私たちがある社会システムにかかわっていること、その社会システムがモリーにつながっていることがわかってくる。だが、その話をする前に、まずはいくつかの事実を立証し、この現場が匿名消費の概念に当てはまることを確認する必要がある。

まず立証が必要なのは「孤独は人を死に追いやる」という事実だ。これを立証するのはパンデミック以前に比べれば容易になった気がするが、それでも、孤独がもつ生々しい殺傷能力については時間をかけて再確認するべきだろう。過去35年間に発表された孤独に関する70の論文を比較した2015年のメタ分析によって、孤独は死亡リスクを約3割増加させること、とくに若年層でこの傾向が顕著なことがわかっている。分析対象の論文の中には、この問題をさらに強い言葉で記述したものもある。孤独な人は健全な社会的関係を維持している人に比べて、早死にの可能性が5割も高いというのだ。孤独でいることは、1日に15本のタバコを吸うのと同程度に体に悪いことになる。

パンデミック以前の2019年の調査によれば、ドイツの全人口の約17パーセントにあたる人が常に、または頻繁に孤独を感じているという。喫煙率と比べればいくらか少ないものの、ほぼ同レベルだ。ドイツ議会による類似の研究のメタ分析でも、孤独を感じている人の割合は1〜2割と推定されている。

喫煙者の約3分の2が喫煙によって亡くなっていることを認め、孤独による死の割合を推定値の下限として計算すると、今後数十年間でドイツ人の約20人に1人が孤独によって命を落とすことになる。ここでもまた「千の切り傷による死」を想定するアトリビューション研究の考え方を思い出し、合併症を考慮しなければならない。孤独は直接的に人を死に追いやるだけでなく、アルコール依存症、肥満、栄養不良、運動不足などの温床ともなるからだ。

なるほど。孤独がよくないのはわかった。でも、しょせんは「他人事」ではないだろうか。私たちが思い浮かべる典型的な孤独のイメージは、鼻をほじるからと友達に敬遠されている子や、モリーが自称する「キモい妹」だ。しかも、モリーのケースは自死だ。私たちの関心は、自分ではなく他人を死なせるキルスコアにあるのではなかったのか。

だが2022年のいまでは、孤独は私たち全員を脅かす社会システム上の危機であることが明らかになっている。その危機の深刻さと範囲がここまで大きくなったのは、比較的最近だ。孤独は社会システムに由来する社会全体の危機であり、私たち全員に関係している。

では、私たちはどの程度、孤独に寄与しているのだろう。もちろん、言葉による暴力や身体的ないじめは人を孤立させる。そして私たちの多くは、自分で思う以上にそうしたいじめに加担しているのかもしれない。広い意味でのいじめの世界は、性的虐待のそれとあまり変わらない。女性の約4分の1が男女関係における性的・身体的虐待を経験したと証言しているにもかかわらず、男性がおしなべて無実を主張するこの世界では、統計をとるのは不可能だ。私たちの多くは、知らず知らずのうちに、何らかのかたちでいじめに加担していると考えられる。いまはそうでないとしても、おそらく人生のどこかで。

社会からの隔絶を助長する消費選択

ここでいじめの話を中心に据えるつもりはない。この章のテーマは、よりわかりづらい暴力だ。わかりづらいのは、それが世界に対する攻撃のかたちではなく、世界から撤退するかたちをとるからだ。消費行動の選択を通して世界から撤退している私たちは、ここでも暴力をふるっていることになる。なかでもとくに目立つのが、次のふたつの選択だ。

ひとつはモノの買い方だ。金銭的消費の点から見ると、私たちはパンデミック以前からすでに可処分所得の25パーセントをオンラインで消費していた。この割合は間違いなく、いまではもっと増えているはずだ。過去半世紀のあいだに、市場での取引の約4分の1から3分の1がバーチャルな空間に移行した。そこでは、売り手と買い手のあいだで言葉が交わされることはない。この選択によって、世間話やそこから生まれる関係性、ちょっとしたエピソード、「こんにちは」「またね」の挨拶と、その中間に生まれるはずのすべてが失われた。周囲の世界との日常的な交流に伴って織り上げられていた社会的な織物は、もはや織られるのをやめた。自分はディスカウントショップの品出し係と絆を深めるタイプではないと、あなたは思うかもしれない。だが、それは悪循環の始まりだ。マウスを使った実験で、マウスは孤立すればするほど、新たなマウスとの関係を築けなくなることが判明している。

だから問題はオンラインショッピングだけではない。スーパーマーケットのセルフレジやマクドナルドのセルフオーダー端末など、日々の買い物から人間的な要素を排除してしまうすべてのものが孤独を生んでいる。

もうひとつは娯楽の買い方だ。「娯楽を買う」とはつまりレジャーのための消費選択だが、その選択の多くが現実に私たちの命を奪っている。最近はやりのリアリティー番組を見たことがある人なら思い当たるかもしれない。本を読んだり映画を観たりするとき、私たちはページやスクリーンの中の登場人物と感情的なつながりを築く。登場人物は私たちに栄養を与え、実生活で使える心の資本を蓄える手助けをしてくれる。心理学者で小説家のキース・オートリーが言うとおり、そうした体験が「人間であることの芸術」を鍛える。

それと同じ栄養は、情報サイトやインスタグラムのフィードをいくらスクロールしても得られない。それどころかこの行動もまた、自分自身を死に追いやっていると言えるかもしれない。同時に、私たちももちろん、そうした現代のコンテンツに大きく寄与している。私たちは投稿し、再投稿し、共有し、ツイートし、高評価ボタンや低評価ボタンをタップする。すると、そのすべてが娯楽のためのコンテンツになるのだ。企業のほうも、小説とは異質な手法で表示回数や視聴時間を競い合っている。ネット上の娯楽の世界では、視聴者の注目を途切れなく引きつけ、ドーパミンという報酬を与えつづけるよう最適化された手法が使われている。これは小説にはない手法だ。

娯楽がどれほどまでに社会的な活動かということを、私たちは完全には認識できていない。たとえば、パブの閉店が増えていることを考えてみてほしい。ちなみに、これはイギリスに限った現象ではない。ドイツでもパブの閉店を意味する「Kneipensterben（パブの死）」という新語ができたほどだ。あなたが信じようと信じまいと、私たちにはオンライン活動を通じて劣悪な娯楽体験を蔓延させた責任がある。娯楽をひとりきりで消費することで社会とのかかわりを放棄し、世界から撤退した責任が。今世紀最初のわずか10年間で、ドイツの都市ハンブルクのパブは約半数に減った。

私には、パブというと必ず思い出される女性がいる。ここでは彼女をマーサと呼ぼう。マーサは私がロンドンに住んでいた頃、行きつけのパブに通ってきていた年配の女性だ。〈アルマ〉という名のそのパブでは、毎週金曜日の夜にライブが開かれていた。私は音楽に関しては素人だが、演奏されていたのはたぶんアイリッシュフォークだったと思う。〈アルマ〉はスリランカカレーを出す、若々しい雰囲気のクールなパブで、『タイムアウト』誌の賞を取ったこともある。マーサは毎週金曜日の夜に音楽を聴きにやってきた。きまってバンドのすぐ隣の窓際の席に陣取り、飲んだり踊ったり、店に居合わせた全員と言葉を交わしたりした。私と仲間はいつもドアの脇のテーブル席に座ったが、いま思うとマーサの隣のあの席が「自分たちのテーブル」だった気がする。ある金曜の夜、マーサが店に姿を見せなかったので、常連客はみな心配して、その理由をあれこれ推測していた。10時前にやっとマーサが姿を見せたときには、大きな歓声が上がったものだ。〈アルマ〉がマーサの寿命を5年か10年延ばしたのは、私の中では疑いようのない事実となっている（これを書いているとつい、マーサの社会的交流と飲酒の影響を天秤にかけそうになる。だが、何にでも注釈をつけてまわるのはやめて、ここは心温まる話のまま終わらせよう）。

自ら孤立する個人

日本は、おそらく世界最古の小説の故郷であると同時に、「孤独死」という概念の故郷でもある。孤独死は1980年代に生まれた造語で、人が亡くなったことに気づかれないいま、何カ月も、ときには何年も放置される現象を指す。言っておくが、孤独死は高齢者だけの特権ではない。現に、東京での孤独死の4分の1が60歳以下の人に起きている（東京には世界でもめずらしい孤独死の統計がある）。だが、マーサはけっして、孤独死することはないだろう。孤独のせいで死ぬこともなさそうだ。私たちという友人がいるからではない。私たちが彼女のソーシャルネットワークの一部であり（私の場合「だったことがあり」だが）、そのネットワークがバーチャルではないからだ。

〈アルマ〉の向かいにもう1軒、〈ウィーバーズ・アームズ〉というパブがあった。こちらは古き良き労働者階級のパブで、客層がまったく異なっていた。だが、どちらのパブにもコミュニティーのような雰囲気があり、孤独な人が社交のためにやってきたり、ただ大勢に交じって一杯やったりする場所になっていた。孤独ではない人も、そこで言葉を交わしたり乾杯したりした。たとえ隅に座っている人と一度も言葉を交わさなくても、同じ楽しみをともにすることで絆が生まれていた。

この社会的な絆は、経験や空間を共有することで生まれるものだ。だが娯楽とモノの多くがポケットの中の6インチのスクリーンを通して消費される原子論的な現代社会では、その共有がどんどん難しくなっている。スクリーンが驚くほど多くの注目を要求してくるので、20代のユーザーは平均で1日4時間以上、スクリーンを見つめていなければならない。

私のお気に入りのラップソングに、このことを歌った1曲がある。フランスのラッパー、ソプラノが歌う《*Mon Précieux*（ぼくの大切なもの）》だ。「ぼくは自分の人生を自分で生きる代わりに、きみ（スマートフォン）と分け合ってる」とソプラノは嘆き、一度聴いたら忘れられない歌詞と歌い方で、あまりに多くの人が自分のことかと疑うような内容を歌っている。たとえば、朝起きたらまず、パートナーを抱きしめる前にスマートフォンをチェックする、といったような。「コンサートに行く意味なんてないさ。ＹｏｕＴｕｂｅで全部見られるんだから」で歌詞が終わると、Ｓｉｒｉに似た声がアナウンスする。「新しい友達リクエストが39件、新しい〝いいね！〟が１２０件あります。あなたはこの2カ月、友達に会っていません。これがあなたのデジタルライフです（笑）」

あなたは周囲の世界とどんなふうに情報をやりとりしているだろうか。スマートフォンにどれだけの時間を費やしているだろうか。さっき平均4時間と言ったが、あれは純粋なスクリーンタイムにすぎず、見たこと、見たいことについて考えている時間ではない。また、パソコンに向かう時間も含まれていない。スマートフォンを見るという行為が、人間が睡眠以上に時間を費やす、人類史上初の行為となる日も近いかもしれない。まだそうなっていなければの話だが。

こうした行動のすべてが必然的に孤独を招き、その孤独が死を招く。匿名で消費するという選択を通じて、私たちは人を死なせているのだ。ここでも自己破壊的な力がかなり強く働いている。私たちは自身を孤立させ、それによって自分の孤独だけでなく、他人の孤独をも生み出している。

テクノロジーにより損われるもの

テクノロジーが恵みと呪いの両方をもたらすとはよく言われるが、あらゆる犯行現場でも、テクノロジーはやはり、どっちつかずの役を演じている。私たちが化石燃料をいまほど大量に、そして多目的に利用できるのはテクノロジーのおかげだが、それが気候変動を引き起こし、今日では全世界的な問題となっている。しかしテクノロジーはまた、風力、太陽光、水力の利用を促進して化石燃料からの脱却を助けてもくれる。

テクノロジーはプラスチックを生み出したが、プラスチックの代替品が開発されつつあるのもまた、テクノロジーのおかげだ。労働力を効率よく搾取して生産力を高めることを可能にしたのも、安全基準によって労働環境を変革し、前世紀に先進国で頻発した鉱業事故を大幅に減らしたのも、テクノロジーの力だ。

匿名消費においてもこの事情は同じだ。だからシャオアイス（Ｘｉａｏｉｃｅ）も、見る人によって評価は分かれるかもしれない。シャオアイスはマイクロソフトが開発した中国発のチャットボットで、ユーザー数はおよそ6億人にのぼる。29時間ぶっ通しで使いつづけて、自分のシャオアイスにアイデンティティーや性別、さらには顔まで与えたヘビーユーザーもいるという。グラスに水が半分しかではなく半分も入っていると考えるなら、シャオアイスは、社会的に孤立した人々が少なくとも社会性に似たものを維持するのに役立つと言えるだろう。２０２０年の論文によれば、こうしたチャットボットには人の気分を明るくする効果があることがわかっている。インタビューに応じたあるユーザーは、孤独な人もそうでない人も納得できるだろう利点を指摘した。チャットボットはいつもすぐに返事をしてくれる、というのだ。別のユーザーは「新しい友達ができたみたい」だと答えている。

その一方で、ソーシャルメディアに関する多くの研究が「SNSの利用時間が長くなればなるほど、オフラインの、つまり現実世界での活動に対する興味が失われ、集中力が低下し、疲労や孤独に悩むようになる」という、より広範にわたる影響を浮き彫りにしている。この研究成果はまだ確立されたものではないが、学術的なお墨付きなどなくても、周囲で起きていることに気づいている人は多い。私たちはいま、世界規模の実験を行っているのだ。人類にとっての「オフラインの交流」の必要性と、それが精神的健康や幸福にもたらす恩恵についての、予測不可能な実験を。フェイスブック（現在はメタ）はいま、私たちを完全に現実世界から遠ざけようと躍起になっている。その戦略がうまくいけば、バーチャルリアリティーの評価が急激に高まる可能性もある。彼らの功罪は今後、時間とともに明らかになるだろう。

くり返しになるが、共感や社会的な幸福のすべてが人との関係の中から生まれるわけではなく、たとえば映画は、私たちに他者とのつながりを感じさせてくれる。もちろん、本もそうだ。最近では、読書によって孤独感をどの程度減らせるかを数値化する研究も行われている（本書はまず間違いなく対象外だが）。そしてその力は、PCやスマートフォンのスクリーンにもある。なんといっても地球の裏側にいる人と話し、声を聞き、顔を見ることができるのだから。だが、私たちはスクリーンを見つめるとき、互いと向き合うのではなく、むしろ互いから遠ざかってしまうことがあまりに多い。

私たちを互いから引き離しているのはソーシャルメディアだけではない。SNS関連の企業が「人と人とをつなぐ」ことを前面に打ち出しているのと同じように、匿名消費を加速させているその他の企業も、似たようなイメージを宣伝に使っている。この1年で最も私の印象に残った広告は、ヨーロッパの数カ国で、いや、おそらくは世界中で展開されたアマゾンのクリスマスCMだ。

それは新型コロナを題材にとった、よくある広告のひとつだった。ロックダウンされているいまだからこそ、アマゾンが荷物やプレゼントを届け、人と人をつなぎます、という内容だ。「温《ぬく》もりが最高のプレゼント」が謳い文句だったが、問題は、バーチャル空間での匿名消費が現実の世界から、むしろ温もりを奪っていることにある。ノキアの昔のキャッチフレーズが言う「人と人とをつなぐ」プレゼントが届けられるたびに、市場からは人間的な交流と、そこから生まれる数えきれないほどの幸福が奪われているのだ。

こうしたことのすべてが私たちを損なっている。娯楽を、消費を、社会的なつながりをインターネットに頼れば頼るほど、運動不足に拍車がかかる。運動不足はライフスタイルによる死因リストの後半に座を占めている。食事、買い物、娯楽、社会的交流、そのすべてが自宅で居ながらにして手に入る世界にいたら、運動不足が深刻化するのは火を見るより明らかだ。

運動不足は栄養価の低い食生活とセットになりがちなので、死因を見分けるのは難しい。だが、WHOの推計によれば、運動不足で亡くなる人の数は年間320万人にのぼり、死因の第4位を占めている。この数字は、運動不足によって過重労働死を上回る数の死者が出ていることを示している。

これは驚くべき数字だ。運動不足か否かを分けるのが1週間に150分、日に20分程度のわずかな運動量であることを考えると、なおさら衝撃的だ。社会的に孤立した世界、とりわけスクリーンが麻薬のように人を夢中にさせる世界では、運動不足による死者数は増えつづけるほかない。特定の食事の選択と運動不足との組み合わせは、糖尿病、がん、うつ病を引き起こす。要するに、世界はいま、とんでもなくひどい状況にあるのだ。

死に加担するハイテク企業

とはいえ、私たちを死なせているのは私たち自身にすぎないと考えるのも、やはりこの話を正当に評価したことにならない。個人にはもちろん、企業にも主体性がある。その社会的責任について、トリスタン・ハリス以上に的を射た指摘をした人物はいないだろう。

トリスタンはグーグルのデザイン倫理学者としてキャリアをスタートさせ、のちに人々をインターネット依存症にさせるSNS関連企業の手法に異議を唱えることを使命に掲げて「センター・フォー・ヒューメイン・テクノロジー」を立ち上げた。以来、大手ハイテク企業による「組織的な企て」を暴くことに人生を捧げている。組織的な企てとは、私たちの目をスクリーンに引きつけて考えを探り、そこから得られたデータを悪用して非常に効果的にドーパミンを分泌させ、依存を促進させようというものだ。そのひとつ、「可変報酬」のモデルに基づく手法は、とりわけ巧妙だ。「いいね！」やメッセージ、写真などの報酬をランダムな間隔でしか表示しないことで、ユーザーの渇望感をつのらせるのだという。この手法を宣伝するブログ記事には「ユーザーをハマらせたい？　夢中にさせたい？　なら、この方法がお勧めです」といった悪びれないタイトルがついている。

私たちがいまいるのは犯行現場であり、裁判はまだ始まっていない。だが、自殺したモリーやチャットボットのシャオアイスを見れば、大手ハイテク企業がしていることに疑いの余地はない。彼らは人を現実の世界から引き離してバーチャルな世界に引きずり込もうと企て、アルゴリズムを使ってまき餌のようにコンテンツを配信し、それによって人にダメージを与えているのだ。ある意味、ソーシャルメディアはギッフェン財のようなものと言える。ギッフェン財とは、価格が上昇すると需要が減るのではなく増加する財を指す経済用語だ。直感に反しているが、特定のケースにおいては存在する（小麦の価格が上がると、より高価な食品を買う可処分所得が減るため小麦の需要が上がる、など）。ソーシャルメディアもこれと同じように、コストが上がる（つまり依存が深まる）につれて、利用時間が増えていく。

SNS関連企業のふるまいには不当なものもあれば、単に市場原理に即しただけのものもある。いま述べたことの中には、人をひとつにまとめようとする試みから意図せず生じたものも含まれている。そうしたさまざまな動機から生まれた両義的な現状をどう評価するにせよ、企業はこの世界的な実験において、明らかに中心的な役割を果たしている。タバコへの政治的介入やそれが公衆衛生に与える影響と、この件を比較してみよう。タバコのキルスコアについては判決が下されてから変革の機会を探ることになるが、その前に考えてほしい。タバコと違い、ソーシャルメディアの「製品」には健康上の警告がない。年齢制限もない。内容にどこまで中毒性をもたせられるかという、許容限度に関するルールもない。有害なコンテンツの取り締まりは、ほぼ自主規制の枠内でのみ行われている。依存症から離脱するための社会的サポートもない。社会にとって有害であるという認識がいっこうに広がらないのは、なぜなのだろうか。

一方、強大な力で人々を匿名消費へと向かわせている企業は、私たちの生活環境のみならず金融市場の構造をも変えている。システムを変えることで、最終的には私たちの貯蓄や年金という資源を吸い上げようともくろんでいるのだ。

世界の10大企業を見ると、それがよくわかる。上位2社は匿名消費を可能にしたアップルとマイクロソフトだが、それだけではない。アップルはＡｐｐｌｅ ＴＶ＋によって、マイクロソフトはビデオゲームによって、どちらもメディア企業の枠に収まろうとしている。3位はアマゾン、4位はグーグルの親会社アルファベットだ。

5位にやっと自動車メーカーのテスラがランクインし、6位は半導体メーカー。そして7位がフェイスブック（メタ）だ。フェイスブックの順位が低い理由はもちろん、わずか半年のあいだに企業価値の半分近い約５０００億ドルを失ったことにある。もしフェイスブックが全盛期にドイツで上場していれば、その価値はドイツの上場企業全体の約3分の１に相当していただろう。

「ＩＴ企業」に分類される企業は、ＭＳＣＩワールド指数銘柄の時価総額の約5分の１（22パーセント）を占めている。ＭＳＣＩワールド指数は、先進国23カ国の銘柄で構成される先進国市場、つまりメキシコを除く北米、西ヨーロッパ、日本、オーストラリア、イスラエルの上場企業の時価総額の約80パーセントで構成されている。この指数に採用されている銘柄は執筆時点で１５３９にのぼるが、前述の上位4社だけで全時価総額の14パーセント近くを占めている。１５３９人が出席する結婚披露宴で、新郎新婦とそのふたりの介添人の計4人だけに料理の14パーセント、つまり215人分が配られるようなものだ。

IT企業の22パーセントに話を戻そう。アマゾンとテスラはIT企業だと思っている人が多いが、実はこの2社はIT企業には分類されていない。そこでIT企業のリストにアマゾンを加えるとどうなるだろうか。先進国株に投資する典型的な投資家は、匿名消費を推進する企業に全投資額の4分の1を分配している計算になる。

これはよいことなのかもしれない。目覚めている時間の4秒に1秒をスクリーンの前で過ごしているなら、スクリーンとそこに配信されるコンテンツを提供する企業に4ユーロのうち1ユーロを投資するのは理にかなっているからだ。だが、私たちはその投資の代償として、匿名消費による死に加担していることになる。

匿名消費のキルスコア

この章ではまだキルスコアを算出していないが、それをするつもりはない。理由は、すべてが曖昧すぎてスコアの桁数すらわからないからだ。だが、まったく計算できないわけではない。ヨーロッパ人の10人に1人が孤独を感じているとして、そのうちのさらに1割だけが孤独を原因とする健康上の問題を抱えるとしよう。その健康上の問題が原因で、そのまたわずか1割が早死にすると仮定しても、ヨーロッパでは年間50万人近くが——つまり大気汚染による死者数、年間約30万7000人を上回る数の人が——孤独によって亡くなることになる。また、孤独による死のわずか4分の1だけが現代の経済状況、つまり匿名消費に起因するとしても、匿名消費のキルスコアは（少なめに見積もった場合の）気候変動のキルスコア、年間約15万人とほぼ同じになる。

学術的な研究には、ふつう、文学的な華やかさはない。だが、瀕死《ひんし》の社会が孤独を嘆いて白鳥の歌を歌う場合は、ときに単純な真実こそが大きく響く。アメリカのさまざまな民族集団において社会的孤立が死亡率に与える影響を分析したカッサンドラ・アルカラスらは「社会的に孤立した大人を特定し介入することは、健康状態の改善につながる」と結論づけている。孤立した大人に介入できず、自身も匿名消費から脱却できず、周囲の人たちと日常的な交流をもつこともできないなら、私たちはこの惨劇の共犯者だ。そして匿名消費もまた、犯行現場のひとつとして、私たちの裁判に加わることになる。

7

暴力・戦争・紛争　第5の現場

麻薬とアボカドと紛争の関係

いよいよ最後の犯行現場にやってきた。だが、この現場では被害者の名前すらわかっていない。わかっているのは19体の死体が見つかったことだけだ。うち9人（男性7人と女性2人）の遺体は、産業通りの高架橋に吊《つ》るされているのが朝5時半に発見された。男性6人と女性1人の遺体も、そのあとすぐに近くの歩道橋の下で発見された。その後、アンプリアシオン・レボルシオン地区でもさらなる遺体発見が相次いだ。遺体の多くが切断されていた。すべて他殺だった。

２００６年に麻薬戦争が勃発して以来、メキシコでは死体を目にすることがめずらしくなくなった。実際、殺された19人の永眠の地ウルアパンは、21世紀のメキシコ麻薬戦争の発火点とも呼ばれている。

以来、麻薬戦争を直接の死因とする犠牲者の数は25万人にのぼっている。だが、19人は麻薬戦争の犠牲になったわけではない。当時の報道によれば、彼らの死因は、にわかには信じられないような別の商品だった。なんと、プロローグでも触れたアボカドだ。アボカドスムージーを飲むヤッピーのフットプリントが、ここでも問題になりそうだ。

だが、最初に述べたように、この犯行現場はこれまでの4つの現場とは少し違う。他の犯行現場の死体がリビングルームのベルベットのカーペットの上で見つかったとすれば、ここでの犠牲者は、見てはいけないものを見てしまったせいで路上で殺された、罪のない傍観者だ。罪や責任をどう考えるにせよ、これまでの4つの犯行現場では、凶器を振り回しているのが私たちであることは疑いようのない事実だった。日本の少年を死なせたのは、私たちの車から排出されたCO2だ。フセイニが吸い込んだのは、私たちのごみから出た毒物だ。だが戦争や紛争は、私たちの足跡をきれいに消し去る。この種の犯行現場に私たちが足跡、つまりフットプリントを残したと証明するのは、これまで以上に難しい。

しかし、アボカドを食べるという私たちの選択と、地球の裏側で突然19人が命を奪われたこととのあいだにまったく関係がないと主張するのも、やはり無理があるのではないだろうか。この関係を明らかにするのはけっして容易ではないが、やってみよう。

まず、最も直接的な関係を調べよう。それは、私たちの消費、生産、投資が、紛争を引き起こしているという事実だ。本書の主要なターゲット読者として、私はアボカドスムージーの購買層を想定している。そして、アボカドを大量に消費する人々がいるからこそ、メキシコではアボカド農家が麻薬カルテルに略奪されているのだ。もちろん、メキシコにおける政治的構図を考えれば、それがアボカドではなかったとしても、麻薬戦争の凶悪さは変わらないだろう。だがその場合も、責められるべきものがアボカドスムージーとともにある私たちの昼の生活から、麻薬とともにあるベルリンのナイトライフに変わるだけだ。

間接的な犠牲者は、私たちの足跡が見つかった4つの犯行現場のすべてで見つかっている。それと同じように、紛争地で巻き添えになる罪のない人々の死も、私たちが戦争と紛争への寄与を通じて間接的に引き起こしているのかもしれない。

4種の殺人が引き起こす暴力

ここで強調しておきたいのは、最初に見た4種の殺人と戦争や紛争とのあいだには深い因果関係があることだ。

まずは紛争鉱物のケースを考えてみよう。鉱業関連の死についてはすでに労働についての章で述べた。だが、鉱業が採鉱国の政治経済を腐食し紛争を煽《あお》っていることによるダメージは、それよりはるかに甚大だ。紛争鉱物という言葉が欧米で広く知られるようになった理由はそこにある。

紛争鉱物とは、その名が示すとおり、それ自体が独占を目的とした紛争を引き起こすと同時に、さまざまな紛争の資金源にもなっている鉱物だ。2017年、ニコラス・バーマンほか3名の研究者が衝撃的な論文を発表した。鉱山周辺における暴力行為が1997年から2010年にかけての物価高騰に伴って増加し、それだけでアフリカの全当事国における暴力行為の14~24パーセントにのぼったというのだ。さらに、鉱業に起因する暴力は外国資本がかかわっている場合にエスカレートすることも判明した。

死者数を正確に把握し、特定の期間に振り分けるのは困難だ。この論文で使用されたデータを見ると、1997年から2000年までの死者数は約50万人にのぼっている。だが、それですら氷山の一角にすぎない可能性がある。世界有数の医学雑誌『ランセット』に掲載された論文によれば、アフリカの34カ国で1995年から2015年のあいだに起きた1万5500件の紛争によって、子どもだけでも500万人が犠牲になったというのだから。

この計算には明らかに問題がある。私たちは労働環境のキルスコアを数え、労働によって生み出された製品（紛争鉱物）のキルスコアを数え、紛争の直接的な犠牲者数を数え、さらに紛争の二次的な犠牲者数――武力衝突によって清潔な水や基礎医療へのアクセスを奪われた結果、予防できる病気で命を落とした人の数――まで算入している。もしかしたら、これは行きすぎかもしれない。だが、そうだとしても、どこで線引きすべきなのだろうか。

正確でないからといって諦めるのではなく、それでも数字に頼るしかないときもある。犠牲になった子どもの数は500万人。そのすべてが労働環境だけに起因していようが、あるいはそのうち1～2割が紛争鉱物に起因していようが、この数字の恐ろしさは変わらない。キルスコアを算出するには、それでじゅうぶんではないだろうか。

次に、気候変動を見ることにしよう。気候変動と紛争の関係については、たしかにまだ専門家の意見は分かれている。しかし政治学の専門誌『アニュアル・レビュー・オブ・ポリティカル・サイエンス』に2019年に掲載されたバリー・コウビの論文は、このテーマに関する最高の論文のひとつだろう。コウビは気候変動が人と人との対立を激化させているらしいという当たり前の洞察から出発し、気候変動と戦争との、さらには気候変動と紛争全般との関係を精査した。地球の平均気温が1℃上昇した結果、世界の殺人件数が平均で6パーセント増加したことを報告した2016年の研究も引用している。殺人発生率から割り出した世界の殺人件数、年間約50万件を基準とすると、気温がさらに1℃上昇すれば、死者数はふたたび年間3万人ほど増える計算になる。気候変動のキルスコアが、これでまた上がることになる。

だが、これはまだスタート地点にすぎない。当然のことながら論文の多くは戦争と平和を問題にし、個人的な問題ではなく、より大きな紛争に気候変動がどう作用しているかを論じている。コウビは、気候変動で放出されるエネルギーが、さまざまな経路で破壊的な影響を及ぼしていることを論証した。気候変動は人間の大規模な移動を引き起こし、自然災害による甚大な被害で経済発展を妨げ、世界の資源不足を深刻化させている。温暖化が人間の潜在的な攻撃性に生理的な影響を及ぼしている可能性だけでなく、こうしたすべての要素が研究者たちの熱い論議の的となっている。

気候変動の影響を見極めるうえでの最大の問題は、時代や場所によって影響の度合いが変わることだろう。気候変動の影響は、いまはまだじゅうぶんに現れていないため、計算は困難を極める。それでも、気候変動の影響を探るこれまでの研究の成果はけっして小さくない。それがコウビによる前述の研究であり、1℃の温暖化により殺人のリスクが6パーセント増加するという推計だ。この増加リスクを2〜3パーセントと少なく見積もる研究もあるが、そちらによれば、同じ条件下では内戦の確率がなんと11パーセントも増加するという。

暴力は人の命を奪う。さらに社会的孤立を招き、ひいては紛争さえ引き起こすことがある。だが、その相対的な影響を分析するのは、おそらく気候変動の場合と同じくらい困難だろう。こうした研究では常に、鶏と卵のどちらが先か、つまり暴力が社会的孤立を生むのか、それとも社会的孤立が暴力を生むのかが問題となる。暴力にさらされることと社会的孤立との関係についてはかなり多くの論文があり、比較的最近のものでは、シカゴの都心部の人々を対象に2019年に調査が行われている。また、暴力を引き起こす要因についての論文もいくつかある。読んで楽しいものではないが、25人の暴力的な男性と同数の非暴力的な男性を比較した1989年の研究では、一般的に暴力的な男性のほうが社会的に孤立していることが判明している。この結論に驚きはない。なにしろ、この研究は「孤独は暴力を生む」というもっともな直感に基づいているのだ。孤独は社会的なスキルや共感力を低下させるので、当然といえば当然だろう。アメリカの銃乱射事件を起こすのはけっして社交家ではないし、それを証明するのに100本の論文は必要ない。

気候変動、廃棄物、労働、匿名消費における私たちのキルスコアが暴力や紛争や戦争によって増大することは、こうした研究によってはっきりと示されている。全体的に見れば、この増加幅は限定的かもしれない。今世紀末までの気候変動の犠牲者が何百万人、何千万人にものぼると推定されているのと比べれば、温暖化に伴って殺人の犠牲者が年間3万人増えることなど、微々たる違いに見えてくる。だが、死を統計上の数字としてだけ扱うことに異議を唱えることも、本書の目的のひとつだ。どのストーリーにも、ひとつひとつに重要な意味がある。戦争と紛争による影響は、人道的なものだけではない。現在の研究によれば、私たちは残念ながら、中期的には世界的な紛争が引き起こされ、増えつづける世界に向かっているようだ。そしてその紛争の主な原因は、本書で取り上げている4種の殺人なのだ。

紛争の決定的な特徴とは、はじめにも述べたとおり、私たちの直接的な関与がないことだ。殺人の目的が私たちの大好きなアボカドをつくることだとしても、直接の原因は私たちの消費ではない。炭素が、廃棄物が、労働環境が、商業的・社会的世界からの撤退が、人を死なせる。そして紛争や戦争はほとんど常に、これらの現象と密接に関係している。

私たちはロシアに加担しているか?

私たちの消費・生産・投資の選択と戦争や紛争との関係は、かなり複雑にねじれている。いま戦争について考えるとなると必然的に、ウクライナ戦争に目が向く。本書は2022

年に執筆しているので、戦争と紛争についてのこの章でウクライナ戦争について語らないわけにはいかない。

ウクライナ戦争をどう見るにしても、この戦争はこれまで述べてきたような紛争とは異なる。私たちは消費、生産、投資によってこの戦争を引き起こしたのではない。それは自信をもって言える。たしかに要因は多岐にわたる。自由放任政策、プーチン政権を支える経済状況、忘れられた紛争が残した侮辱と傷、NATOをめぐって交わされたらしい約束、数え上げればきりがない。私たちが消費を通じてプーチンに資金を集めさせ、権力増大を助けたからといって、私たちがこの戦争の原因ということにはならない。何かが何かの原因となった（たとえば、アボカド農家が略奪されたのは私たちがアボカドを食べたがったからだ）と言うのと、何かが何かの前提になった（私たちが選択した消費行動の結果として、他国を侵略したがる人間が権力を維持できた）と言うのとは違う。

だが、世界の大半の国で制裁が行われているにもかかわらず、私たちが戦争当事国を相手に、ロシアの主要輸出品である化石燃料の取引を続けていることは明白な事実だ。私たちは紛争を引き起こしてはいないかもしれないが、まったく無関係とも言えない。私たちがロシアの化石燃料を消費することで戦争の共犯者となっている可能性があると指摘するのは、それほど的外れではないだろう。戦争の原因ではないにしても、私たちはひょっとしたら、戦争資金を提供しているのかもしれない。

「もし、〇〇〇していなかったら」という反事実条件に基づいて因果関係を切り分けようとすれば、話はさらに複雑になる。ロシアの化石燃料を使うのをやめ、ロシアとの経済・金融関係を断ち切れば戦争は終結するのだろうか。私たちが裁判で裁かれるときに頭を悩ませることになる、この果てしない椅子取りゲームをどう考えればいいのだろう。私たちがカタールからのガスの購入を増やし、ロシアが売れなくなった分を他の市場に販売した場合、そこから何か得られるのだろうか。思想家テオドール・アドルノは『ミニマ・モラリア』［法政大学出版局、2009年］で、「間違った社会に正しい生活などありえない」と言ったが、いまの私たちに正しい生活はあるのだろうか。

こうしたことが、まるで初めて考えることのように議論されているのには少し呆れるが、私たちはもちろん、消費（それに生産と投資も）を通して世界中の紛争に資金を提供している。いまに始まったことではなく、グローバリゼーションの夜明けからずっと続いていることだ。ウクライナで起きていることに衝撃を受け、血の海を目の当たりにした私たちは、いまこそ労を惜しまず、政治的、経済的な問題をすべて考慮した道徳的な姿勢を生み出し、確立しなければならない。死は平等なものではないし、今回の件でもそれは同じだ。私たちは、サウジアラビアがイエメンに軍事介入しているそのときにサウジアラビアから石油を買っているが、専門家の分析によれば、不思議なことにアメリカとアルカイダが突然、この紛争の同じ側についたという。私たちは奇妙な、本当に奇妙な世界に生きているのだ。言っておくが、私はイエメン内戦とウクライナ戦争が同じだと言っているわけではない。また、ある紛争を他の紛争よりも重視すること自体が間違っているとも思わない。この問題についてはあとでまた触れるが、私たちは明らかに、全人類を同等に気にかけているわけではない。ここで重要なのは、他国に侵攻している国と取引するのが不道徳だと感じるとしても、ウクライナ戦争が私たちの初めての堕落というわけではないということだ。

この現状を、キルスコアの見地からはどう評価するべきだろう。これについては、プロローグで紹介した考え方、あのグリーンボンドが参考になるかもしれない。おさらいになるが、グリーンボンドとは、「グリーン」に分類される特定の支出や投資に資金を当てるための金融商品だ。つまり、二酸化炭素排出量を毎年倍増させている企業であろうが、石炭火力発電所を100基運転している企業であろうが、調達した資金がグリーンプロジェクトに使われさえすれば、グリーンボンドを発行できる。たとえば、いま言ったような企業がグリーンボンドを発行し、そこから得た資金で電動の社用車やバスを購入したり、本社屋にソーラーパネルを設置したりすれば、現行のグリーンボンドの要件は満たせる。

戦争や紛争の議論にこの考え方を応用すると、問題ははっきりする。ロシアが、ヨーロッパへの石油・ガス販売で得た収入をすべて「リングフェンス」化〔組織の特定の部門の資金を他の部門から完全に分離し、別扱いすること〕して、公共事業（医療や年金）だけに充てると公約したとする。そうやって収入を「リングフェンス」に囲い込めば、プーチンはヨーロッパの人々に「ご心配なく。あなたのお金を戦争に使うことはありません」と言えるわけだ。

　そしてプーチンがそう言えば、まずまずもっともらしく聞こえるだろう。ロシアの経済規模は、およそ1兆５０００億ドル。ロシアがウクライナ戦争にかけているコストについてはさまざまな試算があるが、いずれの試算でも、1日あたり多くて8〜9億ドル程度、少なければ1億５０００万〜3億ドル程度に収まっている。数値にかなりの幅があるのは、人命をコストに算入するかどうかの違いだ。これを書いているいま、ウクライナ戦争は開始から１００日目の節目を迎えている。戦争が明日終わったとすれば、ロシアの経済的コストは約１５０億ドルから９００億ドル、つまりロシアのＧＤＰの1〜6パーセント程度となる。厳密に言えば、このコストの大部分はストック（使用される軍備など）であり、通常ＧＤＰで計られるフローではないが、問題をこれ以上複雑にするのはやめておこう。仮に戦争が1年続いたとしても、ロシアの戦争コストはＧＤＰの3〜18パーセント程度にしかならない。この「しか」という言葉の意味は大きい。これは膨大なコストだ。高く見積もると新型コロナのパンデミックにかかったコストを上回る。だが、ロシアの商品・サービスの輸出額はGDPの約28パーセントだ。したがって、グリーンボンドに似た架空の使途指定基金をつくる余地はたっぷりある。ロシアは「輸出で得たGDPの28パーセントは公共サービスや給与に充て、戦費の18パーセントはGDPのうち、輸出とは無関係な72パーセントで賄う」と言えるわけだ。

もちろん、ロシア製品ボイコットの目的は、戦費を提供しないことだけではない。経済的ダメージを与えてプーチンの考えを変えさせるか、でなければ少なくとも戦争続行のための経済的・政治的基盤を揺るがすことも、目的のひとつだ。だがこうした意図は、たとえば「われわれは戦争への資金提供に加担している」と非難するドイツのNGO連合の公式声明よりも微妙だ。この声明の背後にいるビーンカウンターは、ロシアからのドイツの輸入額がウクライナ戦争のコストの約半分にあたると指摘している。なにしろドイツの輸入額は、石油とガスだけでもロシアの軍事予算の3分の1に相当するのだ。だが、この問題にグリーンボンドのたとえを当てはめることに疑問が残るのと同じように、石油・ガスの輸入がロシアの政策と直結していると考えることにも、やはり疑問が残る。

政治家は戦争への私たちの関与を強く否定している。つまり彼らに言わせれば、私たちは戦争の遂行と結果に影響を与えられる立場にありながら、戦争には責任がないという不思議な状況に置かれているらしい。自らの道徳心をどう扱うべきか混乱してしまうが、

（a）悪事を引き起こすこと、（b）悪事に資金を提供すること、（c）悪事を働く者と取引することでその悪事にある種の道徳的正当性を与える、または少なくとも悪事に目をつぶること――以上の3つが別物だという事実は変わらない。

すでに説明したとおり、キルスコアは「行動には結果が伴う」というルールに基づいた数字だ。だが、原因と結果のこの関係をウクライナ戦争に当てはめるのは難しいようだ。過去20年間、プーチンの横暴なやり方に目をつぶっていたヨーロッパの政治家には非難の目を向ける人もいるかもしれない。だが、消費者であり、生産者であり、投資家である私たち国民を責めるのは、いささか度を超えているようにも思う。

そういうわけで、本書の目的からすれば、この戦争は議論から外せないこともない。だが、キルスコアのレンズを通すだけでは自らのフットプリントのすべてを見ることはできないのだと、この戦争は教えてくれる。たしかに、石油やガス、石炭に対する私たちの渇望のために、ウラジーミル・プーチンは大盤振る舞いをして泥棒政治体制を築き、これまで20年間も権力の座にとどまることができた。私たちの消費、生産、投資が非民主的な政権を支える役割を果たしているのは無視できない事実だ。ただし、その影響はロシアよりも広範囲に及び、ヨーロッパを含むすべての大陸との経済関係に広く浸透しているため、キルスコアには直接反映させられない。

この章では戦争を引き起こすことと戦争当事者と取引することの区別を試みたが、その線引きは必ずしも明確ではない。私たちはロシアからの輸入を続けてはいてもウクライナ戦争の原因とはなっていない、という考え方に異議を唱える人は間違いなくいるだろう。事情が非常に複雑な戦争はほかでも起きている。たとえば、石油への私たちの渇望がまったく無関係だとすれば、イラク戦争が起きた理由をどう考えたらいいのだろう。イラクに石油がなかったとすれば、イラク戦争は起きなかった。それは陰謀論者でなくてもわかる。廃棄物の章で言ったことのくり返しになるが、石油とガスは過去1世紀にわたり、実に大きな役割を果たしてきた。人類に経済成長の原動力となる素晴らしいエネルギーを与えると同時に、あまりに多くの破壊をもたらした。これほどまでに私たちの生活を左右した資源は、歴史上、よくも悪くもほかにはない。だが残念なことに、天秤は悪いほうに傾きつつあるようだ。

投資の際に考えるべきこと

この章は他の章とは少し構成を変え、これまでのように消費、生産、投資という黙示録の騎士たちについて詳細に検討することはしなかった。だが、投資についてはもう少しだけ話をしたい。戦争や紛争を考える際に直面する困難を説明する格好の例があるからだ。

１８９２年、フランクリン・Ｗ・オーリンがニューヨーク州ナイアガラフォールズにオーリン社を設立したところから話は始まる。オーリン社は伝統的に火薬類を扱う会社で、現在も火薬のほか銃の弾薬を製造している。その一方で化学薬品も開発しており、その一部が水の処理に使われている。そのためオーリン社は、持続可能性を謳った投資ファンド「インベスコ・Ｓ＆Ｐグローバル・ウォーター・インデックスＥＴＦ」において４パーセントのシェアを占めるに至った。もちろん、オーリン社が組み込まれているのは水処理に貢献しているからだが、そのせいでこのファンドは銃器（正確には銃と弾薬）メーカーへの投資比率が高いファンドのトップ10に入ってしまい、銃器メーカーへの投資を阻止するためのプラットフォーム「ガン・フリー・ファンド（www.gunfreefunds.org）」で最低ランクのＦに格付けされる羽目になった［２０２３年２月時点ではＡランクに認定されている］。

ファンドや投資には常にこうした問題がつきまとう。サステナビリティー関連の同業者のあいだでは、化石燃料と完全に無縁なゼロカーボンの投資は本当に可能なのかという議論がよく交わされる。銃器をめぐる問題もそうした議論と無縁ではない。私たちが立ち上げた投資プラットフォーム「マイ・フェア・マネー」は、ドイツ市場向けに４５１０以上のファンドを提供している。「問題のある兵器」や「民間兵器または軍事機器」を除外するフィルターにかけると、ファンドの9割が一気にふるい落とされる。除外対象を「問題のある兵器」に絞ってフィルタリングした場合でも、およそ5割が除外される。提供されているファンドの約半数に、問題のある兵器の製造、流通、サプライチェーンに何らかのかたちでかかわりのある企業が含まれているということだ。

オーリンがよい例だ。オーリンは武器を製造しているのではない。武器のための弾薬を製造しているだけだ。あなたは同じことだと思うかもしれない。銃が人を殺すのなら、弾丸だって人を殺すだろうと。だが、それなら武器を輸送しているドイツ鉄道はどうだろうか。軍事機器や軍服、酸素ボンベやマスクを製造している会社は？　こうした企業までが戦争に関与していると言うのは、行きすぎだと思うのではないだろうか。だが、これらの企業は戦争をしている軍と取引をしており、正直に言ってその取引は、私たちが消費を通じてロシアに行っている資金提供よりもはるかに直接的に行われている。もしロシアとの取引を続けることに違和感を覚えるのであれば、戦争を補助する可能性のある輸送業のようなサービスを戦争とは無関係だとしてあっさり片づける考え方には、いくぶん懐疑的になるべきだろう。

キルスコアと責任の範囲

因果関係があるところには、責任もある。よって、本書で挙げた4種の殺人によって引き起こされるさまざまな紛争もまた、キルスコアに算入されることになる。もちろん、まだ多くの戦争や紛争がグレーゾーンに残されている。それらはキルスコアの世界の外にあるとはいえ、必ずしも私たちの責任範囲の外にあるわけではない。本章で検討してきた加害者や殺人犯との経済的な関係はいったん脇に置いて、次章からは私たちがキルスコアに負っている責任に焦点を当てよう。戦争や紛争の現場では多くの場合、たとえ私たちがそれを煽った張本人であり、犯罪の阻止を怠っていたとしても、私たちが犯人であるという痕跡は見つからない。視野を広げれば広げるほど、世界における私たちの役割を示す図式はより複雑になっていく。責任の所在への問いは、ここに至る過程で何度となくくり返されてきた。だが、本章でもその前の4つの犯行現場でも、私たちはその問いに本当の意味では答えてこなかった。私たちは、これからの航路に責任をもてるのだろうか。私たちでなければ、誰が責任をもつのだろうか。

さあ、現場検証は終わった。発見の旅を進めよう。次は裁判だ。

パート

3

裁判

8

検察側立証

有罪判決に至る要件リスト

人類にとって、殺人は古くからの習慣らしい。43万年ほど前に現在のスペイン北部の洞窟で殺された「17号頭蓋」という名の紳士、または淑女がそれを教えてくれる。この人物は額を何か重いもので、いくぶん乱暴に打たれて死んだと考えられる。頭蓋に開いた穴には治癒の形跡がない。17号頭蓋は、私たちの知るかぎり人類最古の殺人事件の被害者だ。いや、「科学的に証明された殺人事件の最古の被害者」と言い換えよう。最古の殺人被害者は17号頭蓋ではなくアベルであり、最古の殺人犯はカインだ、と主張する聖書寄りの読者がいるかもしれないからだ。さらに言い添えると、17号頭蓋を殺したのがはたして謀殺

(murder) だったのか、それとも意図せぬ、広い意味での殺人 (killing) だったのかはわからない。結局のところ、法的な観点から見れば謀殺とそれ以外の殺人には大きな違いがあり、有罪となる条件も異なる。私たちは犯行現場をくまなく調査し、証拠を集め、目撃者を探し当て、犠牲者を掘り起こした末に、ついにこの章にたどりついた。裁判の始まりだ。

まず知りたいのは、私たちは何の罪で起訴されているのかということだ。謀殺か、それともその他の致死行為、すなわち故殺 (manslaughter) か。謀殺は、殺意なしに人を死なせる故殺よりも罪が重いとされている。さらには「殺人の等級」というものもある。とくにアメリカの法律については犯罪ドラマや法律ドラマがふんだんにあるので、よく知られているはずだ。

殺人犯リストのトップにくるのがX号頭蓋 (1~16のいずれか。17号頭蓋を殺したのはおそらくこのうちのひとりだ) であろうとカインであろうと、人間が直立歩行や会話を始めると同時に人殺しを始めたらしいことは確かだ。人殺しは人間であることの基本的な条件と言えるかもしれない。だがそれを裁くには、つまり有罪を決定するには、もっとこみ入った歴史的経緯を考慮する必要がある。

キルスコアによる私たちの法的責任を検証するにあたり、本書では18世紀の法学者ブラックストンを参考にした。ブラックストンが法制史において果たした役割を、イギリスの法制史家ウィリアム・サール・ホールズワースは次のようにまとめている。「ブラックストンの著作『イングランド法釈義』がもしあの時代に書かれていなかったとしたら、アメリカや他の英語圏の国々がこれほど広くコモン・ローを採用していたかどうかは非常に疑わしい」。そこでブラックストンが殺人をどう定義しているのかを調べたところ、殺人罪の要件を整理したリストが見つかった。これをこの章で行う法的検証の基準とする。

ウィリアム・ブラックストンは弁護士としてはまったく成功しなかったため、法律関連の本を書く時間がじゅうぶんにあった。彼は、殺人罪の構成要件は次の6つだと結論づけている。[9] かなり高いハードルだ。まずはわかりやすく箇条書きにしたあとで、ひとつずつ詳しく見ていこう。

1 人が死んでいること
2 誰かがその死を引き起こした（人を死なせた）こと
3 その誰かが別の人間であること
4 その殺人が違法であること
5 その殺人が犯罪行為または不作為の結果であること
6 その行為（または不作為）が「殺意」に基づくこと

以上が有罪判決のための要件だ。民法では細部の言い回しが多少異なることもあるが、核となる原則は変わらない。ドイツ刑法第211条は謀殺を犯した者に終身刑を科すと定め、謀殺犯を「殺人欲、性欲、貪欲、その他の卑しい動機から、陰湿で残酷な、または公衆を危険にさらす手段で、または他の犯罪を容易にしたり隠蔽したりするために、人を殺した者」と定義している。ここにも、謀殺罪に問う条件として「予謀的悪意」（つまり殺意）が必要だという考え方がある。

各国の法律のニュアンスはそれぞれ異なるようだが、ブラックストンの表現の明瞭さは、この事件にアプローチするための出発点として最適だ。正式な裁判と同じく、起訴状の読み上げから始めよう。

要件1：人が死んでいること

これは一見、最も単純そうだが、本書の裁判に関しては予想外に手ごわい。殺人罪が成立するにはまず、人が死んでいなければならない（厳密には、そのためには人間が1人いることと、その人間が死ぬことの両方が必要だ。だが、そこまで細かい手順を踏んでいたら話は永遠に終わらない）。

では、死はどう定義されるのだろうか。ある意味、死は「見ればわかる（I know it when I

see it)」カテゴリーに分類されている（この表現は、わいせつの定義についての米最高裁判事の発言に由来する）。愛する人の棺桶《かんおけ》をのぞき込んで死とは何かと混乱する人はいない。もっとも、臨床的な死や脳死の定義については専門家のあいだでも議論があるが。

さらに複雑な問題もある。たとえば、一定期間が経過しても行方不明のままの人は「法的に死亡したものとみなされる」ことがある。謀殺のケースでは、遺体がけっして見つからないだろう場合でも有罪判決が下される場合もある。イスラム法のハナフィー派の解釈では、夫が海で（あるいは海以外の場所でも）行方不明になった場合、妻は、夫の年齢が寿命に達したはずの時点で初めて寡婦《かふ》とみなされ、再婚が可能になる。しきたりによっては、その年齢は１２０歳と定められている。

そしてもちろん、胎児の問題がある。生命はいつ始まるのかという問題だ。唯一誰もが同意できそうなことがあるとすれば、死ぬためには生きていなければならない、ということだろう。中絶に反対するいわゆる「プロライフ」派の多くは「生命は受胎の瞬間に始まる」という考え方を原則としているが、「生命は出生時に始まる」と考える人もいる。

中絶をめぐる議論の熾烈《しれつ》さを考えれば、胎児の命から受胎していない命にまで議論を進めるのは無謀というものだろう。だが、２０００年代のＥＵ改革の際、ポーランドがとった戦略はかなり混沌《こんとん》としていた。「第二次世界大戦で人口が激減していなかったら」という想定をもとに、EU議会での同国議員数の増員を要求したのだ。生命がいつ始まるかが重要な意味をもつのは、私たちが問題とする死の中に、まだ起きていない死、実際にはまだ生まれてもいない人の死が含まれているからだ。

まだ生まれてもいない人間に対する殺人の容疑で裁判にかけられる可能性があるというと不条理に思えるかもしれないが、前例はある。1998年11月、喫煙による健康被害に関する訴訟で、アメリカ46州の検事総長が米4大タバコメーカーと和解した。この「タバコ基本和解合意」は、メーカー側が46州に25年間にわたって2060億ドルという莫大《ばくだい》な和解金を支払い、それ以降も永続的に支払いを行うという内容だった。この支払い条項は事実上、未来の殺人、未来の死をカバーするものだ。このケースは刑事訴訟ではなく民事上の和解だが、陪審員がこんな結論に至るほど、算定されたリスクが甚大だったことを物語っている。

たしかに、この裁判は民事裁判であり、誰かが謀殺（または広い意味での殺人）の罪で刑事裁判にかけられているわけではない。けれども私たちの裁判は現実の裁判ではなく架空の裁判なのだから、民法と刑法のあいだを自由に行き来することにしたい。そこを気にする読者のためにその都度断りを入れるので、ご容赦願いたい。

おもしろいことにこの和解金額は、その後の25年間にアメリカで発生したと推計される喫煙の経済的コストのわずか3パーセントにすぎない。たしかにひどく大ざっぱな推計ではあるが、正確な割合が1パーセントであれ10パーセントであれ同じことだ。司法はまだ生まれていない人間の命にまで値段をつけるが、その値段は本来の価値に比べたら微々たるものだということが、この例からわかる。

だが、私たちが命の価値を高く評価しようがしまいが、人は死ぬ。つまり、ブラックストンの要件1は満たされていると結論づけるしかない。弁護側にとっては、あまり幸先《さいさき》のよくないスタートだ。

要件2：誰かがその死を引き起こした（人を死なせた）こと

この事実を立証するアトリビューション研究の力については、まるまる1章を割いて検証した。その信頼性と確実性については一致した見方があるとは必ずしも言えないが、裁判所はすでにこの科学を受け入れだした。まだ完全な受け入れではないとしても、アトリビューション研究は少なくとも頭ごなしに否定されることなく、その有用性が検討されはじめている。

非常に興味深い事例がある。これもまた民事訴訟だが、ペルーの農民で山岳ガイドのサウル・ルチアノ・リウヤが起こした裁判が、いままさに進行中なのだ。サウルは、アンデス山脈にある人口12万人ほどの町、フアラズの出身だ。フアラズはブランカ山脈の麓に位置し、洪水や雪崩のリスクにさらされている。サウルは2015年11月、ドイツの地方裁判所に、大手電力企業RWEを相手取り2万3700ユーロを請求する訴えを起こした。この請求金額は、気候変動によりフアラズのリスクが増大したために必要となった対策をもとに計算されたものだ。サウルは（もっとはっきり言うと、サウルのパートナーである国際環境NGOジャーマンウォッチは）このあと詳述する研究に基づき、CO2の累積排出量に占めるRWEの過去の排出量の割合が約0・5パーセントであることを立証し、そこから、同社の気候変動への寄与度を導き出した。

サウルがドイツの裁判所に訴え出たのは、関連法に基づき、損害が発生した場所（ペルー）と損害を引き起こした行為の原点（ドイツ）のいずれかに責任法が適用されるからだ。この訴えは2016年当初、CO2の排出と損害とのあいだに「直線的な因果関係」が認められないとして、いったん棄却された。ところが控訴が成功し、現在は裁判所で審理が行われている。

サウルの裁判で重要な役割を果たしているのが、2021年に学術誌『ネイチャー・ジオサイエンス』に発表されたアトリビューション研究だ。2章で紹介した気象庁の今田らのアトリビューション研究と同様のアプローチをとったこの研究の結論を、長くなるが引用したい。

人間によって引き起こされた温暖化は、当該地域での温暖化の85～105パーセント（中略）を占め、1880年からの期間では1℃である。現在まで続いているパルカラフ氷河の後退は自然要因だけでは説明できず、1941年という早い時期から人間が排出した温室効果ガスによるとみなすのが99パーセント以上の確率で確実であるという結論に達した。（中略）その結果、湖と谷の空間的形状が変化し、壊滅的な洪水の危険性が大幅に高まった。

裁判はまだ継続中だが、因果関係は明白だ。環境に働いているのは不可抗力ではなく、明らかに人為的な力であり、その結果として犠牲者が出ている。これで殺人罪が成立するための要件2が満たされた。

要件3：その誰かが別の人間であること

気候変動を引き起こしているのが本当に人間なのかどうかを議論するのは自由で、もちろん、これまで見てきたように、誰が責めを負うべきかについては研究の余地がある。人間であるという要件を満たすには、犯人がハイイログマではないというわかりきったことを言うだけでは足りず、行動している人間ひとりひとりに主体性を割り当てなければならない。有責性を主張するにあたっては、因果関係の連鎖をどこまでも追っていき、子どものときに受けた虐待や過去のトラウマなどを勘案するのが科学的な態度だと思われがちだ。しかし、そうしたことは裁判ではせいぜい量刑を減軽する事情として考慮されうるだけで、判決を左右するものではない。

そこで基本的には気候変動を引き起こしたのは人間であることを受け入れ、要件3についても負けを認めよう。これまでのところ、検察側のゲーム展開は完璧だ。

要件4：その殺人が違法であること

これに関しても、弁護側の見通しは明るいとは言いがたい。合法的な殺人の典型例は正当防衛、(直接的な、または巻き添えによる)戦死、および死刑だが、合法とされていたはずの殺人が、とくに国際法においては違法とみなされることもあるため、合法か否かを見分けるのは困難だ。その例として最もよく知られているのがニュルンベルク裁判だろう。ヒトラー政権下のドイツでは(多くの場合に)合法とされていた(ただし当時ですら、すべてが合法というわけではなかった)行為が、この裁判では人道に対する罪とみなされて処罰の対象となった。

存在しない法律に基づいて有罪とされることはないという原則は非常に重要で、合衆国憲法にも定められているものの、私たちには「殺人は違法だ」という法律がある。

とはいえ、私たちが構築している社会システムは、常に何らかのかたちで死を許容している。たとえばミュンヘンの研究者は金融引き締め政策に関して、こんな研究を行った。ギリシャで過去30年間に実施されたさまざまな金融引き締め政策と自殺との関係を調べたところ、政府支出の減少1パーセントにつき、自殺率が平均0・3パーセント増加したことがうかがえたのだ。こうした場合、国民の命を守らなかったとして裁判所が政府を有罪にすることは、おそらくないだろう。少なくとも、通常は。

要件5：その殺人が犯罪行為または不作為の結果であること

この要件によれば、殺人に行為は必ずしも必要ではない。不作為による殺人、つまり死を防ごうとしなかったことによる殺人も想定されている。つまり、ここではさらに高いハードルが設定されていて、何もしていないのに人を殺すということがありうるわけだ。弁護側の形勢はますます不利になってきたが、逆転のチャンスはまだある。重要なのは、不作為のすべてがこれに当てはまるわけではないということだ。

法律における不作為の問題については、本書よりはるかに大部の本が多数書かれている。ここでその詳細にまで踏み込む余裕はないが、手探りするくらいならできそうだ。たとえば、あなたがこの本を読んでいるこの瞬間に誰かが誤って窓から落ちかけ、腕1本で窓枠にぶら下がっているとしよう。そもそもあなたが事態に気づいていなかったとすれば、助けなかったことで責められることがあるだろうか。もちろん、気づいていたとすれば話は違ってくるが、それでも助けなかったことで殺人犯にはならない。

つまり、たとえば気候変動のキルスコアを考えるなら、少なくとも、気候変動が致命的な影響を及ぼすという知識を得た時点までのすべての行動を「差し引く」必要がある。ここで言う知識とは、狭義の知識だ。気候変動はよくない、と大まかに理解するだけでなく、その結果人命が失われているという具体的な事実を知ることを指す。本書でこれまで述べてきたことこそが、その事実だ。また、「避けられなかった」、あるいは責任能力がなかった(たとえば子どもには責任能力がない。生まれた場所や住んでいる場所によってもそうみなされる場合があるだろう)場合のフットプリントも、やはり差し引かなくてはならない。それなら世捨て人になると言いだす人もいるかもしれないが、そこまで極端なことをしなくても、私たちのフットプリント(あるいはテキーラのショット数)の大部分は、この差し引かれるべきカテゴリーに含まれるだろう。もちろん、それも場合による。匿名消費がたとえ巧みな報酬システムによって煽られているとしても、その選択はほぼ完全に私たちに委ねられているのだから。

要件5に関しては弁護側が健闘し、引き分けにもち込めたのではないかと思う。被告人の罪は確実に軽減され、不作為と知識の欠如が疑われることにより、私たちの容疑は謀殺や故殺ではなく、過失致死か単なる幇助《ほうじょ》ということになるだろう。

要件6：その行為（または不作為）が「殺意」に基づくこと

これが最後のハードルだ。ここでただちに、本書で取り上げたケースに「殺意」を伴う謀殺は当てはまらないと断定してもいいかもしれない。検察側もそんな罪を私たちに着せることはできないと、誰もが思うだろう。自家用車で通勤する人、プラスチックをリサイクルしない人、ソーシャルメディアにログインする人たちが殺意を抱いているなんて、そんなはずはない、と。

だが、「殺意」が意味するのは人を殺したいという欲求だけではない。たとえばアメリカの法律には、人命が不当に高いリスクにさらされているときに無謀なまでに無関心でいることを指す「捨て鉢で悪意に満ちた心」という概念がある。弁護士の詩的な言葉選びにはいつも感心させられる。ウィリアム・ブラックストンが法廷弁護士になる以前に詩作に挑み、正義のために喜びや楽しみを捨て去る英雄的な弁護士を描いた『*The Lawyer's Farewell to his Muse*（弁護士からミューズへの惜別の辞）』（１７４４年）などのいくつかの作品を発表したのも、おそらく偶然ではないのだろう。これは、人間には平凡なものを高みへと引き上げる能力があることの証左だ。

幸い、「捨て鉢で悪意に満ちた心」についての理解を助けてくれる事例がある。この事例には、先に見たささやかなゲームの変形版が登場する。１９４６年、ペンシルベニア州の最高裁判所は、特段に厄介な事件を扱うことになった。事件の発端は、ジェームズ・J・マローン（17歳）と友人のウィリアム・H・ロング（13歳）が、ロシアンポーカーをして遊んだことだった。このゲームはロシアンルーレットの変形版で、決定的な違いは自分ではなく隣の人に銃を向けて引き金を引くことだが、賭け率は同じだ。引き金を3回引いた結果、ジェームズはウィリアムを殺した。危害を加える意図はなかったという弁護側の主張を裁判所は認めた。殺人は意図的なものではなく、ジェームズは弾丸が発射されないと思っていた。殺すつもりはなかったのだ。だが裁判所は、相手が死ぬかもしれないことに対する無謀さと配慮のなさは、たとえ人を殺すことを意図していなくても、「堕落した心による殺人」行為に該当すると結論づけた（「堕落した心」は「捨て鉢で悪意に満ちた心」の縮約版だ）。この事例を調べていたら、友人から聞いた話を思い出した。２０１７年に殺人罪で有罪判決を受けたドイツの若者の話だ。若者はベルリンの大通りで違法なカーレースに参加し、赤信号を無視して猛スピードで走行した結果、年金生活者の車に衝突して相手を死亡させた。だが、どうしてだろう。車を走らせた結果として気候変動を引き起こし、間接的に人を死なせても、ふつうは裁判にはならない。このふたつの殺人は、どこが違うのだろう。どちらのケースでも人が死んでいる。どちらのケースでも、その行為を行った個人を特定できる。そして、猛スピードで走った結果、人の車に衝突することも、カーボンフットプリントを増やすことも、どちらも人の死につながる過失だ。

私たちは他人の命を危険にさらしながら、さまざまな選択を通してロシアンポーカーをしている。それが「堕落した心」であり、他の5つの要件も満たされるなら、私たちは単に人を死なせているだけではなく、れっきとした殺人犯でもある。何人を殺すことになるか、正確な人数ははじき出せないかもしれないが、その数がゼロでないことは明らかだ。それでも、私たちは生活をほとんど変えずに、いや、たぶんまったく変えずに、基本的には平然と、これまでどおりの生活を続ける。まるで、本当に「捨て鉢で悪意に満ちた心」の持ち主ででもあるかのように。

ただし、くり返しになるが、CO2排出量と死亡者数の関係については、まだじゅうぶんには判明していない。温室効果ガスが気候変動に関係していることは遅くとも2世紀前からわかっていたが、アトリビューション研究も未来の死者数の推定も、まだまだ不十分だ。この分野で未来の死者数の予測レベルを誇れる者は、いまの時点ではひとりもいない。多くの試算はあっても、まだ推測の域を出ないうえ、誤差も大きい。プラスチックごみや長時間労働、匿名消費が及ぼす長期的な影響についても同じことが言える。

「殺人スコア」ではなく「キルスコア」

ひとつ興味深いエピソードを紹介しよう。肺がんとタバコの関係を、医学大学院の3年次にいち早く発見したことで有名なオクスナー博士のエピソードだ。1919年、博士がセントルイスのワシントン大学で学んでいた頃、高名な臨床医で担当教授のジョージ・ドック博士が肺がん患者を連れてきたという。オクスナー博士はこのときのことを「当時、肺がんは非常にめずらしい病気で、ドック博士は『われわれが生きているうちにこの症例を見ることは二度とないだろう』と考え、大奮闘の末に患者を連れてきた」のだと話している。このエピソードは、物事の正しい理解には時間がかかることを教えてくれる。

本書に登場する殺人犯には、必ずしも共通する特徴があるわけではない。気候変動は大きな風船のようなもので、私たち全員がそのシステムの中で、温室効果ガスを織り込んだ巨大な毛布の下に座っている。一方、大気汚染は地球全体で均一に生じているわけではなく、その影響はしばしば局所的であったり、世界の特定の地域とだけ結びついていたりする。この複雑さが理由で、本書のタイトルは結局、「殺人スコア（殺される人の数）」ではなく、「キルスコア（死に追いやられる人の数）」になった。私たちが人を死に追いやっていることは立証できるが、その事実を一歩進めて殺人とみなそうとすると、困難の壁が立ちはだかる。ただし、たとえ殺人罪が成立しなくても、罪と責任は依然として残りつづける。そうなると、残るのははたして、どの程度の罪であり、責任だろう。次は弁護側の弁論だ。

9

弁護側弁論

命に価格をつける

「ぼくが殺したのはおぞましい害虫だ。誰のためにもならないばかりか、貧乏人の生き血を吸っていた質屋の婆《ばあ》さんだ。殺しても罪になどなるものか。かえってたいした功徳になるに違いない」。ところが、その1ページあとで新たな事実が判明する。彼の犯罪は自身の欲望から生じていたのだ。「手に入れた金を元手に、罪の重さなどとは比べものにならないほどの利益を上げたかった。そうすれば、全部帳消しになったんだ」。ドストエフスキーの小説『罪と罰』の主人公ラスコーリニコフは、こんなふうに自身の行為を弁明した。

だが、これは私たちの弁明とも言えるかもしれない。私たちは欲望や情熱のために人を死なせているのではないと、現代のラスコーリニコフは主張する。私たちの殺人は、繁栄と福祉をもたらす経済活動の、意図しない副産物だと。目的は手段を正当化する。私たちはラスコーリニコフほど犠牲者を悪く言わず、「比べものにならないほどの利益を上げ」ているわけでもないかもしれないが、得られる利益は存在する。これがキルスコアを経済的・功利的な面から弁護する場合の論拠だ。

もちろん、実際の法廷でこんな主張をしたら即座に却下されるだろう。すでに述べたとおり「合法的な殺人」、つまり正当化される殺人という概念はあっても、正当防衛、戦争、死刑などのリストに経済的利益は含まれない。だが、ここは実際の法廷ではない。私たちの行為に対する訴えがもち込まれている法廷は、裁判所だけではない。世論もまた、私たちの法廷なのだ。世論の法廷には異なる利害と異なるルールがあり、そこではキルスコアと経済的繁栄のトレードオフが、つまり両者の適切な倫理的関係を反映した「正しいキルスコア」という概念が、当然のように検討される。オルダス・ハクスリーのディストピア小説『すばらしい新世界』〔大森望訳、早川書房、２０１７年〕に出てくる「孵化《ふか》条件づけセンター」の所長の言葉を借りれば、結局のところ、自然を愛したところで工場は繁盛しないというわけだ。

経済的繁栄のための事件を構成するのはどんな要素だろうか。ふたつある。ひとつは命の価値、つまり「価格」。もうひとつは、私たちの行為によって私たち自身に、そして私たちを取り巻く世界にもたらされる利益だ。ひとつずつ順に検討するが、その前に注意しておこう。本章の両側には倫理的な断崖が口を開けていて、そこを避けて通る必要がある。というのも、命にどう値段をつけられるというのか。利益とコストを架空の尺度で数え上げ、それを信頼に足るものとして計算に入れることなど、どうしたらできるのだろうか。そんな計算《ビーンカウント》が現実の法廷で行われないのには理由がある。それなのに、なぜ世論の法廷では許されるのだろうか。

　道徳や倫理の泥沼に足をとられて困ったときに、きまって助けてくれるのがホッブズだ。『リバイアサン』の中でホッブズはこう言っている。「人間の値打ち、つまり価値とは、他のすべてのものの値打ち・価値と同じく、その人の価格だ。すなわち、その人の力の行使に対して与えられるであろう価格だ。それゆえにそれは絶対的な価値ではなく、他者の必要と判断に左右される」。何も、私たちもホッブズと同じように考えるべきだと言うつもりはない。だが、ホッブズは間違ったことは言っていない。この冷徹な費用便益分析［ある事業を実施した場合の費用と便益を検証し、最終的にもたらされる社会的効果を測る手法］は政策設計の際に常に行われており、私たちの私生活においても同様だ。私たちは目先の悪徳のために将来の健康を犠牲にし、目先の快楽のために危険を冒す。そして生命保険に加入するが、それはある意味、自身の死と引き換えに要求する価格だ。そう言われてもたぶんいい気はしないだろうが、これが私たちの生きている世界なのだ。では、人間の価値はいったいどう計算されているのだろう。

割り引かれる命の価値

最初の証人は会計士でも経済学者でもなく、逆説的だが弁護士だ。しかもただの弁護士ではない。20世紀後半の最も卓越した環境法学者であり(といっても、それ以前にそれほど多くの環境法学者がいたわけではない)、世界初の環境法読本や関連書籍の著者でもあるダニエル・ファーバーだ。ファーバーはバンダービルト・ロースクールの旗艦学術誌『バンダービルト・ロー・レビュー』に1993年に寄稿した論文で、シンプルな思考実験を提案している。これを、私たちの裁判用に少しアレンジして紹介しよう。

核廃棄物処理場の建設案がふたつある。オプション1は、500年後にはほぼ確実に放射能漏れを起こして5億人の死者を出す。オプション2は、放射能漏れの心配はないが、建設手法に問題があり、建設中に人間が2人死ななければならない。

問題は、オプション1と2のどちらの工法を選択するかだ。この問題はシンプルに見えて、実は複雑だ。一見、オプション2のほうがよい選択のように思える。いま2人の命が失われる代わりに500年後に5億人の命を救えるのなら、悪い取引ではないのではないか。

ところが、費用便益モデルによるとそうはならない。なぜなら費用便益モデルは、直感ではなく数学的な手法で未来を割り引く、つまりディスカウントするからだ。このモデルでは、500年後の5億人の命の価値は現在の5億人の命と同等には評価されない。実際、割引率を5パーセントとして計算すると、500年後の5億人の命は現在のわずか0・01人分の命にしかならない。いまあなたが足を踏み入れた世界こそ、ディスカウントと費用便益分析の世界だ。ようこそ、人生が（ホッブズいわく）「孤独で貧しく、残忍で短い」世界へ。この世界では、2人どころか1人さえ殺さずにすむ。

だが、昨今の低金利を考えると、割引率5パーセントというのは少し高すぎるかもしれない。「正しい」割引率については経済学と倫理学の両分野で熱い議論が交わされているが、いずれにせよ虚構の数値にすぎない可能性もある。別の研究者は、ファーバーの論文と同年に発表した論文で次のように結論づけている。「分析者のほとんどは、コストと結果の測定に細心の注意を払っている者でさえ、割引率を手品のようにどこからともなく出してくるか、恣意的に棚から選ぶかしている。選ばれるラッキーナンバーはほとんどの場合、5パーセントだ」

では、より低い、おそらくは「合理的」な割引率3パーセントを採るとどうなるだろう。

テクノクラート的な政治手法で意思決定がなされると仮定し、割引率3パーセントを採用した場合、行政官がオプション2を選んで2人を死なせることはありうるが、191人以上を死なせることはない。500年後の5億人の命を現在の命に換算すると、その価値はディスカウントされて190人分になるからだ。つまり、未来の5億人を救うために現在の191人を殺すのは論外ということになる。割引率3パーセントから導かれる答えはこうだ。「191人を救いなさい。未来の5億人には現在の191人を犠牲にするほどの価値はない」

割引率3パーセントというのは、パンデミックや気候変動を考える際にも目にする数値だ。新型コロナウイルス感染症のパンデミックに関して私が行った調査によると、パンデミック1年目に、西欧諸国の政府は「国民の命を救う」ために（国によって多少の違いはあるが）国民1人あたり平均約68万ドルを費やした。一方、気候変動対策に関連する直接的な政策コストだけを見ると、気候変動による未来の死を回避するのにかかる国民（ディスカウントなしで）1人あたりのコストはその半分にすぎない。対策をとれば気候変動による経済的損害をも回避できるため、むしろ「儲かる」ことになるのだが、それについてはいまは無視しよう。そんな余剰利益を算入するまでもなく、気候変動対策にかかる純粋なコストは、新型コロナ関連コストの半分なのだ。では、なぜ各国政府は、パンデミックに際して多くの国がしたように、気候変動に対しても「国民の命を救う」対策を急がないのだろうか。その理由がディスカウントだ。割引率があるため、未来の命には現在と同等の価値が認められていないのだ。このように考えてみるだけで、未来の命の価値が現実に3パーセントほどディスカウントされていることがうかがえる。

未来の命をディスカウントする理由

はっきりさせておきたいが、政策立案者が私のような会計士を――こうしたトレードオフを最適化し、命の価値をディスカウントし、分割し、掛け合わせながら大量の紙を、でなければ現代社会というチェス盤を睨《にら》みつつ暮らしているビーンカウンターを――隣に座らせているとは思えない。だが、そうした計算が意識的になされていなくても、至る結論は同じだ。つまり私たちの裁判では、未来の命は現在の命と同等には評価されない。

最初にキルスコアを説明した際に、世界のキルスコアは今世紀末には少なくとも約5億人に達すると話したのを覚えているだろうか。だが、もしそれが今世紀末ではなく、2522年のキルスコアだったとしたら？　ファーバーの割引率を使って計算すると、私がいま書いているのは「私たちは今日、全体として0・01人を殺している」と主張する本だということになる。いや、それは違う。ここで扱っているキルスコアは500年後ではなく、今日の、そして今世紀末までのキルスコアだ。それであっても、気候変動によって大勢が死ぬのはまだ遠い先のことだ。たとえば100年後に5億人が死ぬとして、これを3パーセントの割引率で現在の死に換算すると、たかだか2600万人だ。それでも膨大な数だが、5億人と比べればほんのわずかになってしまう。

そのうえ、現在の私たちの行動の影響は、何かに媒介されなければ大きなシステムの中を伝わっていかない。今日のカーボンフットプリントが気候に大きな影響を与えるのは数十年後であり、致命的な影響はずっと遅れてやってくる。だがひとたびやってきたら、止められないほどの勢いで死者を出すことになる。線形割引だけでなくいわゆる双曲割引をも考慮すると、問題はさらに複雑になる。双曲割引とは、クッキーをもらえるのが今日なのか明日なのかは気になるのに、365日後なのか366日後なのかは気にならないということを、ちょっと高尚な言い方で言ったものだ。この考え方は新しいものではない。効用「財やサービスを消費することで得られる消費者の主観的な満足度」に割引率がどれほど影響するかという論争は、効用関数そのものと同じくらい古くからある。近代功利主義の創始者ジェレミー・ベンサムが「人は常に自身の利益と対立している」という経験的事実に早い時期から胸を痛めていたことはよく知られている。

このように、ディスカウントの世界では私たちのキルスコアが引き起こす未来の死のひとつひとつについて、「命」ではなく「命のごく一部」の価値が問われることになる。

もちろん、未来の命をディスカウントするのには理由がある。もしかしたら、未来の死を何百万人分も回避できる技術が開発されるかもしれない。もしかしたら、その頃には地球はどのみち、隕石《いんせき》に衝突されて滅びているかもしれない。だがそれとは別の、より専門的な理由もある。ディスカウントしないと、未来の世代が（アメリカの哲学者ロバート・ノージックによる造語の）「効用モンスター」と化す恐れがあるからだ。効用モンスターとは、私たち現代人に未来世代の利益をあくまでも要求し、私たちの利益を永遠に放棄するよう迫る存在だ。だが、現状はまったくそうはなっていない。今日の私たちは平穏に過ごしたり浮かれたりしているように見えるが、そうしていられるのは間違いなく、ディスカウントという戦略が広く普及しているおかげだ。

ここまでは時間的な観点からの説明だった。だが、未来の命をディスカウントする理由には時間とは無関係のものもある。たとえば、驚異的なテクノロジーの力を信じることで、未来の死は回避でき、罪は免れられると、私たちが楽観しているからかもしれない。もっとも、これは善意に解釈した場合の理由づけだ。より皮肉な見方をするなら、社会や環境による死が、褐色や黒色の肌をもつ人ばかりが住む国や地域に偏って起きていることが、本当の理由なのかもしれない。そもそも、対策を妨げているのは人種差別かもしれないのだ。私たちには推測することしかできないが、本当のところがどうであれ、今後直面することになりかねない大きな危機に謙虚に備え、慎重に未来に臨むべきだろう。

ディスカウントにまつわる議論

命をどういう基準で評価するか、あるいはすべきか。難しい問題だが、最終的には主観的に答えるしかない。基準は答える人の立場によって変わる。高齢者を若者より優先することも、若者を高齢者より優先することも、どちらもありうる。新型コロナウイルス感染症のワクチン接種は、イギリスをはじめとする欧米のほとんどの国で、まずは高齢者を対象に始まった。だが、インドネシアで優先されたのは、高齢者ではなく若者だった（若者と高齢者の命の価値をどう考えるかはさておき、高リスク群に関する知見に照らせば異例の戦略だ）。バースツール・スポーツ社を創立した右派のスポーツタレント、デイブ・ポートノイは「年を取ればたいてい何かで死ぬんだ」という辛辣なコメントをツイートしている。イギリスでは、医療行為は命を救えるかどうかではなく、その人の質調整生存年（QALY）［QOL（クオリティー・オブ・ライフ）を考慮に入れて評価する生存年数］を何年延ばせるかで評価される。そのため、若者を生かし病気の克服を助ける医療行為には常に、高齢者へのそれよりもはるかに高い価値が認められる。

ロンドンでとあるディナーパーティーに出席した際、私はフィンテック（金融テクノロジー）関連のユニコーン企業の創業者と知り合い、本書のアイデアを話した。彼は言った。気候変動のために熱中症で亡くなる老人を、それ以外の災難で亡くなる若者といっしょにするのは少し違うのではないか、と。なるほど、そういう考え方もありうる。筋金入りのビーンカウンターとしては、本書のタイトルを「QALY削減スコア」とするべきだったのかもしれない。だが、あまりぱっとしないタイトルだ。いまの私はビーンカウンターという病から立ち直りつつあるのだから、細かいことには目をつぶらなければならない。やはり本書のタイトルは「キルスコア」でいこう。

人の命をそんなふうに扱うのは倫理的に問題だと思うかもしれないが、忘れないでほしい。少なくともディスカウントに関しては、あなたも同じことをしているのだ。あなたは自身の将来の命をディスカウントしている。誰もが、常にそうしている。欧米に住む私たちは主に自分で自分を死なせているが、そのいちばんの要因がディスカウントだ。喫煙、飲酒、睡眠不足、運動不足といった選択はすべて、自身の将来の幸福を割り引くという私たちの決定の表れなのだ。おそらく無意識で消極的で一貫性のない決定だろうが、それが現実だ。

私たちが未来の価値をディスカウントしている証拠はふんだんにあるが、はたしてディスカウントすべきかどうかとなると、難しい議論になる。経済的な観点からディスカウントに異議を唱える議論もあり、なかでも説得力があるのはアメリカの法学教授ベン・トラクテンバーグの主張だ。ディスカウントは、未来の市民が示すであろう健康や安全のための支払い意思と、先進国における物質的条件の改善、つまりさらなる生活の質向上を、過小評価していることの表れだという。

一方、倫理的な観点からの議論もある。アメリカの哲学者ジョエル・ファインバーグは次のように論じている。「今日の私たちは、祖先から受け継いだよりもはるかに住みづらい世界を子孫に残そうとしている。ますます人口を増やしつづけ、肥沃な土地をかつてない勢いで枯渇させ、川に、湖に、海に廃棄物を投棄し、森林を伐採し、有害なガスで大気を汚染しつづけている。だが、思慮深い人なら誰でも、こうしたことはすべきではない、やめなければならないという意見に同意するだろう。つまりこのことは、自然保護は単に道徳的に必要だというだけでなく、子孫が当然受け取るべきもの、子孫のためになされなければならない義務である、ということを意味している」

あなたが想定する割引率が1パーセントだろうが5パーセントだろうが、あるいはまったくディスカウントをしなかろうが、ディスカウントされる命には必ず、その元々の価値というものがある。ファーバーによる核廃棄物処理場のシナリオでは、それを考える必要はなかった。1人の命はもう1人の命と取引され、いわば同じ通貨が使われていたからだ。だが、費用と効果の比較を始めたとたんに、ファーバーの前提は崩れる。費用が命で、それと比較される効果が富、健康、幸福など、功利主義者が言うところの「効用」だとしたら、ある人の効果と別の人の費用を、いったいどうやって比べられるというのか。

命の価値の現実

実際には、そんな不可能な比較がなされるケースはあとを絶たない。その最も興味深い例がイギリスの国民健康保険（NHS）だ。税金で賄われる国営の医療制度なので、政府としては予算を組む必要がある。そのために政府が要求したのが、医療行為の費用便益分析だ。一般的に2万～3万ポンド以下の費用でQALYを1年延ばせるなら、その医療行為は承認される。だが、それより高額な医療は承認されない。5万ポンドの費用がかかるがQALYを1年しか延ばせないことが判明している治療があったとして、もしあなたがその治療を望んだとしても、政府はおそらくノーと言うだろう。

命が終わるときほど命の価値が正確に数値化される瞬間はない。これは医学の世界だけでなく、犯罪の世界でも言えることだ。イギリスには、パートナーや親族を殺害された人が補償金を受け取れる制度がある。典型的な殺人事件の場合、支給額は1万1000ポンドだが、それに加えて逸失利益、所得、葬儀費用、精神的苦痛などさまざまな損害に対する賠償金も支給されることがある。もっと言えば、殺し屋を雇う費用まで公開されている。1983年に出版された『*Hit Man: A Technical Manual for Independent Contractors*（ヒットマン：殺人請負人のための技術マニュアル）』によれば、請負金額は3万ドルだという。もっとも、この本を書いたのは、さほど詳細なデータを有するとは思えないフロリダの主婦だという噂《うわさ》もある。オンライン雑誌『スレート』の2009年の記事によると、請負殺人の費用は数十万ドルにのぼる場合もある一方、かなり低額な場合もあるようだ。「アタリ社のテレビゲーム7台、1ドル札3枚、5セント硬貨と10セント硬貨で2ドル30セント」を支払うから「恋敵」を殺してほしいと依頼したティーンエージャーがいたという。

命（と死）の価値を数値化しようとするときに考慮されるのは、金銭的価値だけではない。2021年夏、私は数人の友人とオープンエアのナイトクラブに出かけた。ところが、あとでこれを聞いて憤慨した友人がいた。ベルリンでも世界各地でもパンデミックが起きているさなかに外出するなんて、ひどく不注意で身勝手だというのだ。命そのものと個人のQOLを左右する行為とが、ここでもまた天秤にかけられたわけだ。私たちの「放埒《ほうらつ》な」

行動は、どうすれば正当化できたのだろう。私はその夜、自分たちが新型コロナウイルスに感染していた可能性を考え、それを他人に感染させ、その結果その相手や、あるいはめぐりめぐって他の誰かを死なせた可能性を考慮し、人間1人を新型コロナウイルス感染症で死なせるには統計的に最低何回ナイトクラブに出かけなければならないかを計算してみた。答えは約100万回と出たが、白状するとこれは紙ナプキンに走り書きした程度の計算なので、信頼のほどはお察しのとおりだ。

この計算はかなりばかげている。ナイトクラブに100万回通う人などいない。もしそんな人がいたとしても、この計算のさまざまな仮定はすべて不確実なのだから、考え方の土台からしてトランプの塔のように脆《もろ》い。これは「千の切り傷による死」、つまり、無数の小さな経済活動からなる世界の中で責任をどう分担すべきかという問題だ。というのも、1人が100万回クラブに行くことはありそうになくても、100万人の人間がクラブに行くことはありうるからだ。私たちは『群衆心理』の著者ギュスターヴ・ル・ボンが言うところの「群衆」の一部として、自分たちの快楽の祭壇で他の誰かの幸福を犠牲にするという行為に、少しずつ加担しているのだ。

こうした計算による「命の価値」は、すべて生と死を金銭的または効用的価値で表したものであり、ホッブズの言う「他者の必要と判断」によるものだ。その意味で、それは厳密に言えば命の価値ではなく、私たちがその命に対して支払ってもいいと考える値段だ。つまり私たちは、比喩的に言えば遺体袋に値札を貼りつけているわけだ。しかしそれは、早すぎる死を迎えた命の値段ではない。考えてみてほしい。熱中症で6歳の息子を失った家族や、エラの母ロザムンド・アドゥ・キッシ・デブラはどれだけの代償を払っただろうか。彼らが失ったものを数えるすべなど、あるはずがない。

命と引き換えの快楽と倫理観

遺族の測り知れない損失が事実である一方、現代経済の市場でそうした損失が取引されているのもまた事実だ。命のトレードオフに嫌悪感を抱いて計算を否定するのは、実は的外れと言える。重要なのは、無知は事実を変えられないということだ。これはサステナビリティーの世界全般にも当てはまる。たとえ値段をつけたくなくても、実際私たちは、人生やその内容や不満といったものに値段をつけている。これが本書の大前提だ。電気自動車ではなくガソリン車を購入する消費者は、その行為には他人の死への寄与度を増やすだけの価値があると判断しているのだ[10]。20分も30分もかけて充電しなくてもほんの数分で給油を終えられることや、ガソリン車を運転することから得られる節約や喜びのほうが、他者の死というコストを上回ると判断しているわけだ。ビーガンも自転車に乗る人も、再生可能エネルギーを使う人もゼロカーボン住宅に住む人も、誰もが少しずつ他人の死に寄与している。そのコストはごくわずかかもしれないが、ゼロではない。先進国に住む人全員にキルスコアはある。命は効用の市場で、時間、愛、喜び、快適さ、娯楽など、実にさまざまなものと交換されている。私たちはハクスリーの『すばらしい新世界』のもうひとりの登場人物に似ているのかもしれない。「安寧なんかいらない。ぼくは神様が、詩が、本物の危険が欲しい。自由が、善が、罪が欲しいんだ」と言った、野人のジョンに。

問題はもちろん、こうしたものは何ひとつ、お金では買えないということだ。この洞察をカール・マルクスほど雄弁に語った者はおそらくほかにいないだろう。長くなるがここで引用したい（マルクスに対するあなたの意見がどうあれ、マルクスの散文の圧倒的な力はほぼ例外なく時間を割くに値する）。

お金は特定の性質や特定の物や人間本来の力と自分とを交換するのではなく、人間的・自然的対象世界の全体と自分とを交換するのだから、お金を所有する人の立場からすれば、あらゆる特性をあらゆる特性と——当の特性に矛盾する特性や対象とも——交換するといえる。それは結びつきそうもないものを結びつける力であり、相矛盾するものにキスを強要する力だ。

人間が人間として存在し、人間と世界との関係が人間的な関係である、という前提に立てば、愛は愛としか交換できないし、信頼は信頼としか交換できない。

【マルクス『経済学・哲学草稿』長谷川宏訳、光文社古典新訳文庫、2010年、250〜251ページより引用】

感情的な損失は測定できない。それと同じく、感情的な利益も測定できない。最近ある友人から、道徳的なジレンマに直面していると打ち明けられた。遠距離恋愛を始めたいが、関係を維持するには頻繁に飛行機に乗らなければならない。それがわかっているのに遠距離恋愛に踏み切るべきかどうか、迷っているのだという。愛のために、彼女はキルスコアを上げるべきだろうか。だが、誰が愛を否定できるだろう。では、飛行機に乗る目的がパリのサン＝タンヌ通りの日本食レストラン〈口悦〉のすき焼きを食べることだったらどうだろう。実は私自身、過去にこの楽しみを味わったことを後ろめたく思っている。線引きをするとしたら、このあたりだろうか。いま私たちが足を踏み入れてしまったのは、極端な主観主義の世界であり、それゆえに道徳的な切り分けが難しく、法的な判断となると、とんでもなく困難な領域だ。

しかも、命を守る必要があるので、行動の選択肢は限られる。皮肉なことだが、当面は凍死しないように家を暖めたり、熱中症で死なないようにエアコンを使ったりするしかない。日本の6歳の少年の命を奪った熱波の際、電力会社は高齢者のいる特定の世帯の電気料金を割り引いてエアコンの使用を奨励していたという。

この話を難しく感じるとすれば、その理由は、実際に難しいからだ。なにしろ、命と引き換えに快楽を得ているという事実をどうにかして受け入れるよう迫られたうえに、その交換レートさえ決まっていないと言われたのだから。しかも先述のように、私たちには大切に思う人と、それほどでもない人がいる。家族のほうが隣人よりも大切であり、隣人は自国民一般よりも大切であり、自国民一般は見知らぬ他国民よりも大切に感じられるものだ。このシンプルな不等式は、誰にでも当てはまるとは言えないかもしれないが、大半の人に当てはまる。そして、これまで見てきたように、私たちは未来人のことを現代人ほど大切には思っていない。

人を死なせるなど論外であり、他人に苦痛を与えることを正当化する費用便益分析などありえない、という人もいるだろう。あるいは未来人の命に価値を認めない、ディスカウントの世界の住人もいるかもしれない。いずれにせよ、私たちは非常に個人的な取引を無数に行っているが、それに伴う危険性や倫理的な義務はしばしば、不確実性の霧に包まれたままだ。

だが、産業システムの変革に関してはいくぶん霧が晴れてきた。新型コロナウイルス感染症のパンデミックから命を救うのにかかったコストに比べたら、気候変動による死を減らすほうが2倍から3倍も安上がりだ。命を救う施策の費用便益分析を競うワールドカップがあったとすれば、大気汚染対策の勝率は気候変動対策よりもさらに高いだろう。CO_2削減をどの程度急ぐべきか、環境対策をどの程度野心的に、あるいは過激に行うべきかといった問題は残っているかもしれないが、行動する道徳的義務があるのは明らかだ。

つまりこれで、社会全体に対する判決は出てしまったも同然だ。弁護側の敗訴となるだろう。有罪だ。だが、本書の目的は、匿名の大衆としてサステナビリティーを考えるという従来のやり方を超越することだ。私たちが最終的に求めているのは、あなたや私の、つまり個人のフットプリントを知ることなのだ。

主犯は誰か?

くり返しになるが、実際の法廷ではこうした費用便益分析の議論は通用しないだろう。一般道でレースをする快楽と人命とを天秤にかけることを容認する人など、いるはずもないからだ。だが最終弁論に入ると、弁護側が切り札を隠していたことが判明する。「よろしいですか、裁判長。あなたが追及すべきは私たちではなく、武器を生産している企業です。企業こそ責めを負うべきなのです！　殺人マニュアル『ヒットマン』が絶版になったのには理由があります。数件の殺人を、または少なくともその計画を教唆した疑いで、のちに和解契約の一環として絶版となったのです。これを私たちのこの裁判に当てはめると、こうなります。裁判所は行政機関や取るに足らない小物だけでなく、教唆した者をも被告席に座らせるべきです。犯行現場からは企業の指紋が見つかっているのに、検察はいまのところ、非難の矛先を私たち個人消費者にしか向けていません。共犯者はどこに行ったのですか。なぜ裁判にかけられないのでしょうか」

　そう指摘されても、検察は涼しい顔をしている。自動車には人を死なせる可能性があるが、自動車を（それどころか銃でさえ）売るのは違法ではない。そして事実上、それをかなりの程度まで決めているのは法律だ。たとえばアメリカでは、２００５年に可決された「武器の合法的取引保護法（ＰＬＣＡＡ）」により、銃製造業者は銃による死の責任を問われないことになった。この法律をどう考えるべきかと頭を悩ませた人は、全米ライフル協会の最高経営責任者《CEO》（この肩書きがすべてを物語っている）ウェイン・ラピエールのコメントを参考にするといい。彼はこの法律を「この20年間で最も重要な銃推進法」だと絶賛したのだ。自動車にせよ銃にせよ、この法的枠組みのもとでは唯一、消費者だけが直接的な責任を負っていることになる。

こんな法律がアメリカにあるからといって、とくに驚くにはあたらないのかもしれない。だがこの法律は2005年にできたばかりなのだから、それまでは状況が異なっていたことになる。とくに1990年代には、銃を製造・販売する企業を相手取ったさまざまな訴訟が起こされ、その多くで原告が勝訴している。このことは、この問題に関する法律が不変ではないことを物語っている。

実際PLCAAにも、とりわけ「過失委託」の考え方に関して複数の例外がある。この概念を少し詳しく見てみよう。基本的に過失委託とは、殺人を意図する製品だということを知りながら、その製品を誰かに預けることだ。この概念を説明する際によく引き合いに出されるのが、1816年に起きた悲しい事件だ。主人のベル氏に銃を取ってくるように言われた使用人の少女が、その銃で遊んでいるうちに誤って9歳のディクソン少年を撃ってしまったのだ。ベル氏は未成年の使用人に致死性の武器を預けた罪で有罪となった。

のちに成文化された過失委託に関する法律は、もちろん、数ある製品の中には複数の用途をもつ製品が存在すること、その用途には社会的に望ましい用途や、少なくとも犯罪とは無縁の用途なども含まれていることを前提としている。銃は狩猟や護身にも使われる。狩猟は、その是非はともかく、合法的なスポーツだ。だが、銃販売店のオーナーは、少なくとも理論的には、購入者がそれを使って違法に人を死なせるつもりだと知りながら商品を販売した場合、責任を問われる可能性がある。

つまり過失委託の論理に照らせば、人を死なせた行為の主がたとえ消費者であっても、その責任の一部が生産者に遡及するケースがありうる。自動車メーカーは、消費者に自動車を運転する意思があること、運転という行為が一定の割合で人を死なせることを承知している。銃メーカーの場合はせいぜいが従犯を問われるくらいだろうが、温室効果ガスを排出する自動車を誰かが運転した場合、誰が主犯で、誰が従犯になるのだろうか。

裁判の結果として主犯と従犯が入れ替わるのは、刑事裁判よりも民事裁判に多いが、よくあることだ。そのよい例として有名な事件を紹介しよう。あなたはステラ・リーベックという名前に、おそらく聞き覚えはないだろう。だが、この事件のことは耳にしたことがあるはずだ。ステラはある朝、ベッドから出ながら、マクドナルドでコーヒーを買おうと考えた。1994年、スターバックス革命がまだ道半ばだった頃の話だ。話の行き着く先はご存じだろう。ステラは誤って熱いコーヒーを膝にこぼし、マクドナルドを訴えた結果、マクドナルドから懲罰的損害賠償270万ドルと補償的損害賠償16万ドルを受け取った。

笑いの種にするつもりでこんな話をしているのではない。あなたがこの話を以前から知っていたとしても（少なくとも、似たような話を聞いたことがあったとしても）、この種の話にはある重大な意味をもつ側面がある。問題となったのは、誰かが手を滑らせたことの責任がマクドナルドと手を滑らせた人（79歳にもなれば当然、手と目の協調性が若い頃には及ばなくなっている）のどちらにあるのかという点ではなく、マクドナルドがそこまで熱いコーヒーを売ることで顧客に理不尽なリスクを負わせたかどうかという点だ。実際、コーヒーは熱すぎた。ステラは8日間入院する羽目になり、皮膚の移植手術を受け、その後2年間に及ぶ病院通いが必要になった。とても笑えるような話ではない。ステラはまた、理不尽な要求をするような女性でもなかった。和解金2万ドルで手を打とうとマクドナルドに提案したが拒否されて、しかたなく訴えたのだ。賠償金額は、実は裁判官ではなく陪審員が設定したものだった。12人の分別のある人間が証拠を睨みつつ、賠償金額は300万ドル程度が妥当と考えたのだ。裁判官は最終的な支払い金額を270万ドルに減額した。

賠償金の高額さには好奇心をそそられるが、重要なのはそこではない。マクドナルドが「危険な商品を売った」として有罪になったことが重要なのだ。それならなぜ、危険な製品を販売した自動車メーカーは非難されないのか。たとえ使用者の運転が慎重さを欠いていたとしても、事故が起きた場合、そして温室効果ガスが大量に排出された場合、自動車メーカーに非がないとは言い切れないのではないか。もちろん、ステラのケースと本書で検討してきたケースは違う。キルスコアが生じる現場では無関係な第三者が亡くなっているが、マクドナルドのケースで被害に遭ったのは商品の購入者であるうえ、誰も亡くなってはいない。しかし、裁判で有責性を争う場合には、この違いはさして重要ではない。

増える訴訟リスク

弁護側の主張から話が少しそれるが、ここで指摘しておきたいことがある。それは、責任の所在が決まれば、現実の世界にも影響が及ぶということだ。いま、環境破壊の責任を企業や金融機関に問う環境訴訟が増えている。アトリビューション研究の進歩に伴って、気候変動による損害賠償を企業に求める訴訟件数が急増する可能性も出てきた。ペルーの山岳ガイドのサウルがＲＷＥを訴えているケースを8章で紹介したが、こうした訴訟の波は投資家へも向かいはじめている。たとえば25歳のオーストラリア人、マーク・マクビーは、自身が加入する年金基金、小売従業員退職年金信託（ＲＥＳＴ）を訴えた。ＲＥＳＴが気候変動に関して少しのんびり構えすぎているという訴えだった。この訴訟は和解に終わったが、マクビーが裁判を起こした目的は明らかに、有罪判決を勝ち取ることではなく、世に警鐘を鳴らすことだった。

危険な労働環境に関する訴訟も非常に多数起きているが、最も危険な労働環境が集中している発展途上国でそうした裁判が行われることは、めったにない。危険な労働環境から生じているのに隠されてきた死因、つまり過重労働（5章参照）については、これまで論じられることがあまりに少なく、積極的な防止策もとられてこなかった。

ここまで見てきた科学的な知見がはたして裁判に生かされていくのか、どのように生かされていくのかが、今後数年間で明らかになるだろう。環境法や医学など、それが先行して行われている分野はすでにいくつかある。アメリカのタバコ産業に対する訴訟は当初はSFの世界のことのように見えたが、いまでは深刻に受け止められている。こうした動きの背後にある力を過小評価すべきではない。民間の慈善団体は何百万ものポンドやユーロを注《つ》ぎ込み、訴訟規模の拡大に努めている。

企業や金融機関は気をつけたほうがいい。命が実際に失われていなくても、持続不可能なビジネスは標的になる。企業もすでに認識しだしているようだ。アメリカの石油業界が国内での炭素税徴収に賛成する声明を出した際、その声明には小さな文字で、賛成する代わりに気候変動関連の訴訟における法的免責を要求する旨が書き添えられていたのだから。

弁護側は主張する。責められるべきは企業および企業に投融資する金融機関だと、数々の事例が示していると。非難すべき相手が金融機関であろうと企業であろうと、ある意味ではたいした違いはない。企業の訴訟費用を負担するのは最終的なオーナー、つまり金融機関以外に考えられないからだ。

だが、裁判に戻ろう。弁護側は最終弁論を終えた。傍聴人は固唾を呑んで見守っている。陪審員が審議に入る。知ってのとおり、『罪と罰』のラスコーリニコフは最終的に自身の行為を正当化できなかった。私たちにはそれができるのだろうか。判決はどうなるのだろう。私たちの最終的な責任とは何なのか。この問いに答えるには、私たちが環境に、そして社会に与えているフットプリントを徹底的に調べ上げる必要がある。私たちの力はどこまで及ぶのだろう。そして、私たちが負っている「注意義務」とは何なのだろうか。

10

判決

「フットプリント」概念の誕生

ある女性が（ここではサラと呼ぶことにしよう）現行犯で捕まった。サラは夫を家に残し、闇にまぎれて他の男と会いに（！）出かけたのだ。つまり姦淫《かんいん》の罪を犯したわけだ。村人たちは集まって状況を話し合った。そしてサラに与える刑罰を決めてもらおうと、ひどく聖人ぶったある男に助言を求めた。村人たちは巧みに罠《わな》をしかけたのだ。聖人ぶった男がサラは無罪だと言えば、当時の道徳や法律に反することになる。有罪だと言えば、男は結局のところ、さほどの聖人ではなかったことが明らかになる。男はにっちもさっちもいかなくなるはずだった。

私が誰の話をしているのか、もうおわかりだと思う。だが、イエス・キリストがこの難題をどう解決し、罠を逃れたかご存じだろうか。このときのイエスの答えはいまでは慣用句になっている。「罪のない者がまず石を投げなさい」。イエスが言ったのは、基本的にはこういうことだ。「いいでしょう、サラは有罪です。法律に従って（慣用句からわかるように、当時の法律では姦淫罪には石打ちの刑が定められていた）罰せられるべきです。しかし、石を投げる人は罪のない人でなければなりません」

誰も石を投げなかった。イエスは罪を犯さないようにとサラを諭した。それからは村人全員（イエスを除く）が、いつまでも幸せに暮らしたという。私もこれに倣って、本書の執筆過程の大半で石を投げない姿勢を貫こうとした。本書の内容を語るにはこの姿勢が多少なりとも必要だと思う。エコロジー界のスーパーマンやスーパーウーマンを気取り、私たちの欠点をあげつらってはチッチッと指を振ってばかりいる人たちには、正直言ってうんざりだ。私たちが環境と社会に与えているフットプリントや私たちのキルスコアについて、もし知的な会話をしたいなら、人間のもつニュアンスの微妙さや複雑さ、そして私たちの行動の背後にある選択を見定めなければならない。正直、イエスの解決策も完全とは言えない。私たちはサステナビリティーのＰＲの実態を見て、犯行現場を検証し、検察側と弁護側の論述を聞いた。読者は判決を待っている。罪や責任は問われるのだろうか。誰がそれを負うべきなのだろうか。

この問いに答えるには、「私たちは足跡《フットプリント》を残しながら歩いている」という本書の原則である中心概念にあらためて立ち返る必要があるだろう。これまで見てきた犯行現場で私たちが探し求めていたのは、結局のところ、私たちのフットプリントなのだ。

フットプリントという言葉は、今日ではサステナビリティーの世界でもそれ以外の分野でも広く知られており、とくに目新しくはない。だが、実際には非常に新しい概念だ。このことはおそらく、本書全体を貫く「サステナビリティーにおける個人の責任」という概念もまた、それに似て非常に新しいことの証拠となるだろう。

「フットプリント」という概念は、ブリティッシュ・コロンビア大学のウィリアム・リースとマティース・ワケナゲルが1990年代前半に行った学術研究から生まれた。「エコロジカル・フットプリント」という概念を提唱したのはこのふたりだというのが今日の一般的な認識だ。その後数年で、「フットプリントの概念」は誰もが知るところとなった。1990年代後半から2000年代前半にかけて企業の社会的責任や責任投資といった考え方が広がり「商業的持続可能性」産業が興隆を見たのは、フットプリントの概念によるところが大きかった。

新たなミレニアムの幕開けとともに、世界中のあらゆる大企業がサステナビリティーの専門家に資金を注ぎ込み、自社のフットプリント算定に取り組みだした。国連はミレニアム開発目標（MDGs――8つの持続可能な開発目標）を宣言したばかりだった。アメリカも世界も2000年問題を無事に生き延び、冷戦終結後の90年代の好景気の波に乗って、依然として好調だった。当時サステナビリティー分野のコンサルタントはさまざまな企業のCEOやCIOと会い、戦略について有意義な話をし、本社の会議室を忙しく出入りして、マッキンゼーのパートナーのような生活をしていたという。

NGOも注目した。2000年にはポール・ディキンソン、テッサ・テナント、ポール・シンプソンの3人が、各企業に二酸化炭素排出量を開示するよう働きかけるためのNGO、カーボン・ディスクロージャー・プロジェクト（現CDP）を設立した。現在、CDPは世界最大の環境NGOのひとつとなっている。投資家も企業も政府も、そして私たちのような一般市民まで、誰もが自身のフットプリントを知りたがった。

フットプリントを「利用」する企業

その後、ふたつの出来事があった。ひとつ目は、企業が重大な発見をしたことだ。その発見とは、消費者は企業側が予想したほどには、サステナビリティーを気にしないということだった。そこで、当時の企業にとっては、基本的には「ナイキの搾取工場」のようなスキャンダルを回避することが最重要になった。ネガティブな情報をバイラルに拡散（そんな概念が当時もあったとして）されてブランドイメージが地に落ちることが、いちばんのサステナビリティー・リスクだったのだ。スキャンダルさえ回避していれば、ありふれた汚職も危険な労働環境も環境へのフットプリントも、誰もたいして気に留めていなかった。少数のツリーハガーは別だったが、ツリーハガーはいずれにせよ有望な顧客候補ではない。その結果、サステナビリティーの専門家の地位は急降下した。当時サステナビリティーの分野に携わっていたある人物から聞いた話はショッキングだった。ミーティングの相手がCEOからCIOへ、CIOから部長へとどんどん格下げされていき、最後にはインターンと話すことになったという。

企業のこの発見の影響はほかにもあった。まず、私のようなビーンカウンターと協力して行われていたサステナビリティー会計において、一般人には理解できない抽象的なサステナビリティー業績指標が使われることが増え、現実世界への影響が見えにくくなった。そして、そこから出来上がるサステナビリティー報告書の役割も変わった。悪いことではなく「よいこと」を強調するよう要求されるようになったのだ。そのいちばんの好例が、石炭採掘を含む金属・鉱業大手のBHPビリトン社が行った初の「気候変動リスク評価」だろう。評価の結果は「低炭素社会へ移行すれば、BHPの利益は増加すると見込まれる」というものだった。公平に言うなら、この結論は正しいのかもしれない（BHPは低炭素原子力発電所の電力源としてウラン事業に期待をかけていた）。だが、私は常々、リスク評価というものは不利なシナリオにおける潜在的損失を示すべきだと考えている。こんなリスク評価を見ると、2008年大統領選の民主党予備選挙の際、オバマとの討論会でヒラリー・クリントンが言ったことが思い出されてならない。彼女は自身の最大の欠点を問われて、こう答えたのだ。「私たちには世の中をよくするためにできることがとてもたくさんあるのに、それを理解してもらえないことにイライラしてしまうんです」

もうひとつの出来事は、企業が自分たちのフットプリントを消費者に転嫁できると気づいたことだった。イギリスの大手石油・ガス企業であるBPが2004年から2005年にかけて行った広告キャンペーンは、それを明確に物語る典型例だ。BPはウェブサイト上で個人向けの「カーボンフットプリント計算機」を提供し、同時に「カーボンダイエット」の方法を指導・推奨した。これはとくに新しい戦略ではなかった。1970年代にはすでに「キープ・アメリカ・ビューティフル」という無難な名称のアメリカのNGOが、車からごみを捨てる男に腹を立てて泣くネイティブアメリカンを描いた広告で有名になっていた。このNGOにはコカ・コーラなどの多国籍大企業や、一時はタバコ会社（これが出てきたら要注意）などのスポンサーもついていた。それでもBPのこのキャンペーンは「カーボンフットプリント」（ひいてはサステナビリティーを脅かすフットプリント全般）を日常用語にしたとして、高く評価されている。2004年には28万人近くがBPのフットプリント計算機を利用したという。

以来、多くの環境NGOはご想像どおり、個人のフットプリントや個人の説明責任といった考え方に眉をひそめている。ウェブサイトでカーボンフットプリント計算機を提供しているNGOはWWFをはじめ多数あるが、その他のNGOから見れば、それは自らの責任から注意をそらすための企業のプロパガンダにすぎない。2004年のBPの広告制作者のひとりは、2006年に『ニューヨーク・タイムズ』紙にこんな論説文を寄せた。「あのキャンペーンは単なるマーケティングであり、（中略）BPには真に一般の人々を議論に巻き込もうとか、社会を根本的に変えるために企業として呼びかけようとかいう意図はなかった」。この問題を分析したスタンフォード大学の学生ベンジャミン・フランタは、このキャンペーンについて「最も成功した、おそらく過去最高に偽善的な広告戦略のひとつであり（中略）消費者が状況をコントロールできる立場にはないことを知りながら、できるだけ多くの責任を消費者に押しつけようとしたものだ。（中略）基本的には、変化が起こらないようにするためのキャンペーンだったと言える」と述べている。

個人にばかり責任を押しつけるのが間違っていることを示す事実が、もうひとつある。欧米に住んでいるというだけで、私たちのフットプリントはかなりの部分まで決まってしまうという事実だ。MITの研究者が2006年に行った調査によると、アメリカ人であるというだけで、ホームレスの人であっても1人あたりのフットプリントは年間8・5トンになるという。

だが、原因の一端は、私たちがフットプリントと責任との概念を区別できていないことにもある。これは大きな問題だ。というのもそれができなければ、フットプリントに関する議論が、個人対企業という、信じられないほど非生産的な対立に埋もれてしまうからだ。温室効果ガス、またはプラスチックごみによるあなたのキルスコアは2だと誰かに言われると、多くの人がその数字を減らす責任は自分にあると考えてしまうが、それは完全に間違っている。あなたのキルスコアはあなただけの責任ではない。そのことは、個人、企業、投資家という社会全体を構成する役者のそれぞれについて、ここまで時間をかけてじっくりと見てきた中で明らかになったはずだ。

ただし、あなたのフットプリントの一部分がすでに決まってしまっているとはいえ、少なくともある程度、ライフスタイルとそこから生じるフットプリントを変えることは可能だ。フットプリントのその他の部分にならら、私たちも影響を与えられるからだ。たとえば生まれた場所さえも、変化させることはできる。少なくとも民主主義国家においては私たちも社会の一部であり、有権者として、市民として、その社会を担い、変えていくのは私たちだからだ。自分たちを取り巻くインフラや社会環境に対する責任に直面しようとせずに避けて通るのは、心地はよいかもしれないが安直すぎる。

フットプリント削減のトリック

私たちのより広範なフットプリントについては、あとでまた判決の際に取り上げることになる。しかしここでは、犯行現場で突きとめたフットプリントの中心的カテゴリーである消費、生産、投資に戻ることにしよう。

いま見たように、フットプリントはすべて計算上のものにすぎず、分担すべき責任の大きさを示すわけではない。サステナビリティー関連のフットプリントで測れるのは私たちが世界に残す痕跡と、私たちがどんなふうに世界に触れているかだけであり、私たちがどんな意図をもって、どう世界を変えるかではない。フットプリントで測れるのは、蝶が羽ばたくときの葉っぱの揺らぎや私たちがスキーではねのける雪の量であり、それが引き起こすかもしれない嵐や雪崩ではない。だからといって計算の重要性は少しも変わらないが、死因を分析し計算したからといって、そこから一足飛びに誰かの「有罪」や「責任」が判明するわけではない。たとえ犯行現場に足跡が残っていても、それが実際に凶器をふるった者の足跡だとは断定できない。だから、判決には単なる証拠の処理にとどまらない、微妙なニュアンスが必要とされる。

なぜフットプリントの計算結果と責任がイコールで結ばれないのか、その理由をもっと現実的なシチュエーションで考えてみよう。マリアとサラというふたりの友人がパン屋を経営しているとする。マリアは25パーセント、サラは残りの75パーセントの株を所有している。このパン屋には店舗がふたつあり、そのそれぞれが温室効果ガスを年間50トンずつ（そんな数字になることはまずないが、計算をあまり複雑にしたくない）、合わせて年間100トン排出している。サステナビリティーの専門家かCO2データの分析会社が言う。「パン屋への投資によるカーボンフットプリントは、マリアさんが25トン、サラさんが75トンです。なぜならサラさんが会社の75パーセントを、マリアさんが25パーセントを所有しているからです」。一見、公平だ。

だが、マリアはキルスコアに関する本を読み、別の友人のクレアから2店舗のカーボンフットプリントを5割も削減できる改善策を提案してもらった。マリアはすっかりのめりこんだ。ぜひ実行しよう。次のオーナー会議（専門用語で言うと年次株主総会）で、マリアはサラにその改善策を説明し、売り込んでみた。ところが、サラは気候変動を否定する変わり者で、賛成できないと言う。クレアとの取引も、排出量削減もなくなった。その結果、パン屋の2店舗は翌年も変わらずに100トンの温室効果ガスを排出する。サステナビリティーの専門家からマリアに送られてきたカーボンフットプリント報告書には、マリアがいまだに25トンを排出していると書かれている。公平と言えるだろうか。わからない。サラが妨害したせいでマリアが削減できなかった12・5トン分の「責任」はサラにあるとするほうが、理にかなっているのではないだろうか。マリアが12・5トン、サラが87・5トンとすべきでは？

この物語にはまだ続きがある。先の一件で腹の虫が収まらないマリアは持ち株をサラに売ろうと決め、「やめてやるわよ」と叫ぶ（なんともドラマチックだが、現実世界のビジネスはまさにこんなふうだ）。「こんなばかげたことに、これ以上つき合ってられない。私の株をあんたに売るわ」

「オーケー」というのがサラの返事だった（実に冷徹なビジネスウーマンだ）。そこでマリアはサラに100万ポンドで株を売る。いまや大金持ちだ。そして翌年のマリアのカーボンフットプリントはというと……ゼロ！　夢のようだ。マリアは鼻高々で、特別なカーボンフットプリント証明書までつくらせた。公平と言えるだろうか。

たしかにマリアは自身のカーボンフットプリントを減らした。だが一方で、サラはいまやひとりでパン屋を経営しており、カーボンフットプリントはまったく減っていない。なるほど、「全責任」を負っているのはサラだが、フットプリントを削減したというマリアの主張に、どれだけ意味があるのだろうか。マリアは単に、タイタニック号の上でデッキチェアを移動させたにすぎない。そのうえ、環境保護の理念を導入しようという理性の（この場合はマリアの）声は蚊帳の外となってしまった。

話は次の1年に移る。政府が導入した新政策により、すべてのパン屋はソーラーパネルを設置するよう義務づけられた。サラはもちろんそれに従った。彼女は鼻っぱしらの強いビジネスウーマンかもしれないが、法律を破ったりはしない。サステナビリティーの専門家の計算によれば、ソーラーパネルによりサラのパン屋はカーボンフットプリントを5割削減できた。なんと50トン分のCO2を、だ。そこでサラは町中にこのニュースを触れ回った。公平と言えるだろうか。

たしかに、サラはカーボンフットプリントを削減した。だが、その理由は単にそういう法律ができたからだ。法律を破らないようにしただけなのに、なぜ彼女が評価されるのだろう。

こういうことは、現実の世界でも頻繁に起きている。BPがアラスカの石油事業を売却したところ、当該事業の生産量は４・７パーセント、ＣＯ２排出量は８パーセント以上増加した。だが、ＢＰのカーボンフットプリント報告書という安全な世界では、ＢＰのＣＯ２排出量は減少した。アラスカ事業がＢＰのビジネスから外れたからだ。

極論では語れない問題

以上の話を社会問題に当てはめると、問題はさらに複雑になる。先に触れたナイキの搾取工場の例で考えてみよう。１９９０年代後半から２０００年代前半にかけて、どの企業もナイキの搾取工場をめぐって起きたようなスキャンダルの回避に懸命だったことはすでに話した。調べれば調べるほど、搾取工場の問題は複雑だとわかる。搾取工場の幅広い効用については多くの論文で論じられている。開発を促進する、地域に雇用機会を与えて相対的な競争力を高める、工場があることで「正の外部性」〔ある行動のポジティブな影響が、その行動に無関係な人々や企業にまで及ぶこと〕が生じるなど、さまざまなメリットがあるというのだ。「世界の搾取工場」と呼ばれる中国がこの数十年で劇的な経済成長を遂げたのも、納得がいく。

その一方で、搾取工場を使って利益を上げ、何十億という利益を役員や株主に分配している企業は、多くの面で明らかに道徳的に破綻しているように見える。つまり搾取工場を稼働させていることはビジネス上の汚点となるが、学者の一部は、そうした仕組みこそが資本家の進歩（ひいては繁栄の共有）を守る防壁だと見ている。

こうした実情は、判決を下す仕事を複雑にし、キルスコアを責任に変換する際の邪魔になるが、核心となる真実を否定するものではない。キルスコアを、言い換えればフットプリントを減らしたからといって、実際の死者数が減るわけではない。だが、まずフットプリントを減らさなければ、変化を生むこともできない。

フットプリントにまつわる私たちの道徳的義務は、以下ふたつの極論のあいだのどこかにある。

ひとつは、「正しいキルスコア」とはまさしく現状どおりのキルスコアだという考え方。言い換えれば、私たちのフットプリントはすでに適切なレベルにあり、算出されたキルスコアはその意味で「正しいキルスコア」なのだから、これ以上の行動は必要ないとする考え方だ。もちろん、現状では低すぎるとする、さらに過激な見方もないではない。だが、そうした立場が公式に存在しているかというと疑問だ（知識層の一角をなす極端論者からの政策提言が、事実上それにあたるのかもしれない）。

もうひとつの極論とは、「正しいキルスコア」とは「ゼロ」であり、私たちはいかなる死にも寄与すべきではなく、人の死につながるいかなる消費形態も正当化できないという考え方。命を取引する経済権力になど、何のモラルも正当性もないという主張だ。だが、それを言うのは、ひと足歩くたびに虫を死なせてしまうことを知った幼い子どもが、草むらを歩くのを拒否するようなものだ。

「正しいキルスコア」の答えは、官僚や政治家によって導き出されるものではない。この問題には、トレードオフ、個人の自由、価値観、哲学など、どこまでも個人的な選択が関係しているからだ。しかも、そのトレードオフや自由選択などは、必ずしも全員が平等に行えるとは限らない。また、新型コロナウイルス感染症のパンデミックの際と同じように、私たちはときに、社会として、明らかに非倫理的な選択をすることがある。けれどもそこにあるグレーゾーン（ならびにカラフルゾーン）こそが、進歩の可能な、政治が役目を果たすべき領域なのだ。

「注意義務」を怠った結果

有罪判決を免れた場合でも、私たちには非があるのだろうか。そして、フットプリントで責任を測れないならば、その役割とは何なのだろうか。

この問いに答えるために、いま一度聖書から引用したい。「多く与えられた者は多く求め

られ、多く任せられた者はさらに多く要求される」（ルカによる福音書、12章48節）

つまり、フットプリントが示すものとは、私たちの力の及ぶ範囲なのだ。集団の利益のために個人の選択が制限される場合もあるにせよ、私たちの力はフットプリントがあるところすべてに及ぶ。その力の一部は個人の消費選択に、一部は集団的な市民行動に、また別の一部は投資判断に、一部は政治参加にあたって発揮される。この力が与えられているために、私たちは多くを求められる。多くを任された者はさらに多くを要求されるのだ。そして罪の重さは、私たちがその力を行使するときの、私たちの「注意義務」の遂行度合いに基づいて決まる。注意義務を怠ったときに、私たちの罪が始まるのだ。

本書に登場する消費者、企業、金融機関という3人の役者はいずれも、この注意義務を負っている。この概念は、金融の世界で資産運用の重要な原則のひとつとされる「誠実義務」の概念とぴったり重なるものだ。誠実義務は法制の発展において長い歴史をもち、金融機関が「契約者本人」に対して守るべき忠誠心や配慮を指す。「契約者本人」とは、資産運用の世界においては重要な「資産家」を指す。年金基金や保険会社を表す場合が多いが、ひいては私たち全員をも意味する。

伝統的に、誠実義務はリスクを最小化しつつ利益を最大化する義務と同一視されてきた。しかしここ数年、契約者本人の目標には財務的な目標だけでなく非財務的な目標、たとえばサステナビリティー志向の目標も含まれるとする認識が広がっている。複数の調査によれば、投資プロセスに何らかのかたちで持続可能性の目標を組み込むことを希望する人は、全体の6~8割にのぼっている。国連責任投資原則（PRI）および世界の主要金融機関や投資家から成る国連環境計画・金融イニシアチブ（UNEP FI）は、一連の主要原則を策定しているが、この原則には誠実義務に関する先進的理解が示されている。持続不可能な事業慣行に伴う財務リスクから顧客を守る義務だけでなく、意思決定に「財務的に重要であるか否かにかかわらず、受益者や顧客の持続可能性に関する選好を反映させる」という「注意義務」をも含んでいるのだ。

金融機関の注意義務に相当する義務は一般企業にもあり、名称は違っても、いずれも社会における腐敗禁止の原則にかかわっている。キルスコアの観点で言えば、「キルスコアを増大させる施策」を行うという不誠実と、「消費者の消費選択を操作する」という不誠実との両方によって、社会を腐敗に導いている企業は多い。責任をもって力を使うという注意義務を怠っている企業は、残念なことに私が働いているマーケティングや広告の分野にも存在する。最悪なのが、消費が実は「地球を救う」のだというメッセージを送る広告だ。モノを買うことでフットプリントを減らせるだけでなく、地球まで救えるというのだから呆れてものが言えない。

そんな例は枚挙にいとまがない。立派な光沢紙に数字なしのグラフを載せたBATのサステナビリティー・レポートを筆頭に、「グリーン事業」のでっちあげの成果をこぞってひけらかす企業広告が引きも切らない。挙句の果てに行き着くのが、プロローグで私が嘆いたグリーンボンドというわけだ。

結局のところ、企業や金融機関の注意義務とは、フットプリントを減らすための最大限の努力をすること、利益だけでなく生産過程が環境や社会に及ぼす影響をも重視すること、そして生産と消費のあり方をより持続可能なものにするよう努力することを意味する。また、確実で重要な真実を隠蔽したり歪曲《わいきょく》したりせず、キルスコアを減らすための政治的変革を妨げる疑念や不信の種をまいたりもせず、政治や公共の場で責任ある市民としての責務を果たす義務も含まれる。これができない企業は有罪だ。

当然ながら、個人にも同様のことが要求される。私生活における注意義務とは、内なる城塞に引きこもり、すべての悪徳行為を拒否し、森に移り住んで自給自足の生活をし、ゼロカーボンのライフスタイルを送ることではない。パン屋の権利を売り渡したマリアの例が示すように、力を放棄することが裏目に出る場合もある。一方、私たちはときに、負の影響をはるかに上回るポジティブな影響を生み出すことがあり、それもまたフットプリントに反映される。大切なのは、慎重で思慮深い選択をすることなのだ。

注意義務を果たすこと、つまり「きょうだいの守り人」になることは、人生で最も困難な仕事のひとつだ。人間は常により多くを望むよう、いにしえより条件づけられているからだ。注意義務は、私たちの消費行動においていちばんあと回しにされがちだ。たしかに、気候変動に関する消費行動ほど注意義務の履行が困難な課題はほかに見当たらない。だが、私たちは現代社会に生きているのだ。「もっと欲しい」という石器時代からの条件づけの裏をかく努力をするべきではないだろうか。

私たちが注意義務を果たすという困難な課題を成し遂げるには、ふたつの道がある。ひとつは、個人ではできないことを集団の力に頼る道だ。私たちは政府と政治を利用して弱者を保護するシステムをつくり、国民を教育し、保険をかけて損害から身を守ることで、個人では弱すぎて実現できない変革を実現している。個々に不屈の精神が足りないから、または変革には集団の力が必要だから、そうしているのだ。だがその集団は私たちひとりひとりが、つまりひとつひとつの希望のさざ波がまとまってできている。フットプリントを完全に変えられるとすれば、それを可能にするのは個人の消費選択ではなく、私たちが集団として行う社会的、政治的な選択なのかもしれない。

もうひとつは、個人としての消費と投資の選択を変える道だ。どこまで変えられるかは個人のものの見方、信念、教育などのさまざまな要素によるが、変化の大半は、実は私たちが考えているよりも容易に起きる。ことサステナビリティーを考慮した選択に関しては、ごく小さなことに驚くほどの力がある。

たとえば、生産されたものの多くが実際には消費されていないことは覚えておくべきだろう。社会のフットプリントの多くが、消費されない財という意味での「廃棄物」から生じている。その最たる例が食品で、生産された食品の約3割が廃棄されている。肉食と菜食のどちらが優れているかがよく論議の的になるが、それ以前の問題だ。

ある研究によると、私たちは1人あたり、1日に平均9個のモノを「失って」いるという（平均で9個なら、私の場合は何個だろうと考えるとぞっとする）。これを人の一生に換算すると、20万個になる。あるアメリカの調査では、平均的なアメリカ家庭には30万個のモノがあるという。また、イギリスの10歳児は平均して238個のおもちゃを持っているが、実際に遊びに使われるのはそのうちわずか12個だという。私たちは購入しているもの、生産しているものの実に多くを消費していないのだ。

消費する場合も、多くの場合、そのやり方は非常に漫然としている。車の運転がそのよい例で、いわゆるスポーティーな運転スタイルや高速走行はCO2の排出量を増やして環境に多大な悪影響を及ぼす一方で、排気量を最小限に抑える走り方と比較しても、全体の走行時間や快適さという効用はほとんど変わらない。この場合、注意義務を果たしていないことは明らかであり、これこそが、キルスコアに関して私たちが有罪になる理由だ。

そう、これが判決だ。私たちは裁判を終え、判決を受けた。どうしたら注意義務を守れるのかを、これから考えなければならない。

私たちは人とつながっている

ジョン・スタインベックの出世作『トルティーヤ・フラット』のラストシーンで、トルティーヤ・フラットの町の農民《パイサノ》たちは、亡くなった友人ダニーの家を燃やしてしまう。といっても、意図してではない。不注意に擦ったマッチが不運にも新聞紙に落ちたのだ。新聞紙から火が出て、乾いた木の壁と家に燃え広がった。その一部始終を見ていたスタインベックは、時代を超える言葉を残した。「かように、神は小さな種をして語らせたまう」

本書の企画書を読んだある編集者は、こんなものを読んでも自分が「結局は人殺し」で「できることはごくわずか」だとわかって無力感を感じるだけだと言って、ボツにした。私は思わず、あなたの罪は「殺人」ではなく、「過失致死」か、悪くても「傷害致死」ですと答えた。この返事を聞いて、編集者は私に愛想を尽かしたに違いない。だが、私たちが殺人犯でないのは本当だ。ただし私たちの選択は重要であり、それがキルスコアを左右する。

本書はサステナビリティーのPRの危機を嘆くところから始まった。環境と社会に私たちが刻んでいるフットプリントがどれほどの人的被害をもたらすかを「死」という最も厳然としたかたちで浮き彫りにし、意味あるものとして伝える能力が、私たちに欠けていたことを嘆いたのだ。17世紀のイギリスの詩人ジョン・ダンが「人は孤島ではない」と言ったように、私たちは他人の死にけっして無関心ではいられない。ジョン・ダンはその詩の中で、その理由をこう語っている。

人が亡くなればそれが誰であろうと
私自身も損なわれたに等しい
なぜなら私は人類の一部だから
だからどうか訊かないでほしい
誰《た》がために鐘は鳴るのかと
あなたのために鐘は鳴るのだから

この詩には豊かな経験から導き出された真実がある。私たち人間には、直接的なつながりがあろうとなかろうと、共同体としてのつながりがあるという真実が。ジョン・ダンは、自分を損なうのは自分の死だけでも、兄弟や隣人の死だけでも、地元の市場の住人や司祭や鍛冶屋の死だけでもないと書いている。誰であろうとその死は自分を損なう、と。

森の木々は根を張って水や栄養を共有したり、匂いを発して危険を知らせたり、ときには死んだ木が倒れないように支えて他の木が巻き添えになるのを防いだりしながら生態系を形成している。そんな樹木の世界を知れば、どんな堅物でもツリーハガーになってしまいそうだ。だが、樹木に驚くべき利他的な意識があるように見えても、その行動の背景にあるのは一種の利己主義だ。森林に生きる樹木は、安定した生態系に頼っているという意味で、アダム・スミスの『国富論』に登場する肉屋や酒屋やパン屋に似ている。私たちが食事できるのは彼らの博愛心のおかげではなく、彼らがそれぞれ自身の利益を追求した結果なのだ。

ジョン・ダンが言っていることは、それとは違う。誰のために鐘が鳴っているのかを知る必要はない。亡くなったのが敵だろうと味方だろうと、はたまた見知らぬ人だろうと、違いはない。だが、重要なのは、それでも鐘は鳴らなければならないということだ。なぜなら、死が私たちに影響を与えるのは、それが私たちの目に見えるかたちになったときだけだからだ。意気消沈し、心配し、心を動かされるためには、私たちにはいまだに鐘が必要なのだ。

私が過去10年間にしてきたビーンカウントと、本書の死や殺人に関するビーンカウントがまったく異なるのは、これが理由だ。私がこの本を書いたのは、知られざる国の地図をつくり、鐘を鳴らすためだ。ヘミングウェイは1939年の秋から冬にかけて、のちに『誰がために鐘は鳴る』となる本のタイトルに悩んだ。このとき候補に挙がっていたもうひとつのタイトルは、偶然にも『知られざる国』だったという。ヘミングウェイの頭にあったのはもちろんスペインだろうが、そこには「死後の国」の含意もあったに違いない。

この「知られざる国」、つまり死を探究することによって、サステナビリティーPRの第1の課題は克服できる。ここまで私たちは、問題をどう組み立て、提示するかを考えてきた。だが残念なことに、課題はもうひとつある。第2の課題とは解決策、つまり私たちの対応策をどう組み立て、提示するかだ。

絶対主義に陥るな

現代の危機に直面したとき、ビーンカウンターもツリーハガーも、いくぶん原理主義的な議論に陥ることが多い。菜食主義になり、自転車で通勤し、自給自足で暮らす天使にならないのなら、救いようのない殺人犯でいるしかない、というのだ。そうなると私たちは、自身を変えるか、変わる気がないのであれば、社会システムこそが殺人犯だと名指しして、自身の罪が許されるのを待つしかなくなる。そのせいもあって、プライベートな生活におけるサステナビリティーの目標は達成されないことが非常に多い。そのうえ公の場での議論も「気候目標の達成」と「地球の絶対的かつ不可逆的な破壊」との二極を行き来するばかりで、まるでその中間には何もないかのように物別れになってしまう。サステナビリティーにおける絶対主義は、事態を硬直化させている。

こういう原理主義的な考え方に陥ってしまうのも、わからなくはない。人類が引き起こした破壊の規模はあまりにも大きいので、未来のための今日の決断はまっすぐで直接的で効果的なものでなければならず、作業部会の妥協争いの産物であってはならないからだ。キャリアのすべてを捧げて企業や政府のサステナビリティー問題に取り組んできた人間として、私もこれまでに何度となくそんな怠惰な妥協と闘いながら、より高い目標が設定されるよう努力してきた。だが、システムの代弁者である政府や企業を相手にするのと個人を相手にするのとは、まったく違う。私たちを「行動しない」という罪に陥れるだけの原理主義に、いったいどんな価値があるというのだろう。私たち個人は、非人間的な組織とは異なる行動規範や目的をもって行動している。私の経験では、相手が企業や政府であれば、罪悪感をもたせることにより行動を促せる。ところがプライベートな生活においては、同じやり方でサステナブルな習慣の変化を起こせるかというと、少なくとも私は成功したためしがない。個人が行動を変えるのは自身の善良さを確かめるためであって、罪悪感を払拭するためではないからだ。問題は、善良さはあまりにも多くの場合、達成不可能に見えることであり、仮に達成したとしても、より大きな悪の前では不十分に見えることだ。

これはキルスコアの本なのに、罪悪感に訴える手法や絶対主義をここにきて否定するのはおかしいと思われるかもしれない。だが、死ほど絶対的なものはなく、ここで扱っているのは私たちの行動の致命的な影響力だ。私の、あなたの、いわばすべての人の良心が問われているのは、火を見るより明らかではないだろうか。とはいえ、いまこそ求められるのが、「受け入れる」という博愛主義的かつ現実的なアプローチだ。集団的な失敗を肯定することなく、同時に自分自身や仲間の失敗には寛容な姿勢だ。完璧さを求めても何の役にも立たない。

道徳や倫理については大部の論文が多数あるが、ドイツの児童文学者で詩人のケストナー(彼の著作はナチス統治下で焚書《ふんしょ》の憂き目にあった)の2行詩『モラル』ほど真実を言い当てているものはほかにないだろう。

善はどこにも存在しない
実行しないかぎり

フットプリントを変える小さな種

私たちが行うほとんどすべての消費選択において、フットプリントの大半を、ときにはほぼすべてを削減することは、実は私たちが思うよりはるかに容易だ。しかもそのインパクトは私たちが思うより大きいかもしれない。たとえば最近の研究で、ネットフリックスを視聴する際に高画質から標準画質に変えるだけで、ストリーミングによるフットプリントを8割以上も削減できることがわかっている。また、私たちの食事によるフットプリント全体の3〜4割は牛肉とラム肉で占められており、これを控えるだけで大きな削減となる（そこからさらに完全菜食主義へ移行したとしても、それで削減できるのはわずか2割ほどにすぎない）。こうした数字がどこまで正確かはわからないが、完璧にできないならやらないほうがましだと感じている大多数の人々の心に刺さる話ではないだろうか。本書の原稿をボツにしたあの編集者は、フットプリント削減の余地があまりに小さいと嘆いた。だがその小さなことの中にこそ、驚きと洞察と可能性がたっぷり詰まっている。「神は小さな種をして語らせたまう」のだ。

だが、「小さな種」とは何だろうか。そして消費の選択以外に、フットプリントを変えるどんな力が私たちにはあるのだろうか。私たちの力を消費選択に矮小化《わいしょう》するのはサステナビリティーの分野に限ったことではなく、ときとして学問、経済、政治などにも共通して見られる問題だ。私たち人類はアリストテレスの「ポリス的動物」に始まってジョン・スチュアート・ミルの「経済人」になり、最終的にエーリッヒ・フロムが1965年に生み出した概念「消費人」に行き着いた。反資本主義の論文には、この矮小化は自然に生じたものではなく意図されたものだと指摘するものが多数ある。9・11のあと国民の気持ちを奮い立たせようとしたジョージ・W・ブッシュ元大統領が「テロリストの脅しに屈して、国民が買い物をしなくなるなどということがあってはならない」と言ったのは、この問題の表れだ。

私たちのキルスコアを変革するには、この矮小化された枠組みを取り払って考える必要がある。消費選択を通してだけではなく、投資や、最終的には政治的な選択をも通して、フットプリントを変えていかなければならない。分野は違っても、これらは実質的には、すべて同じタイプの行為だ。私たちはお金という票を投じて消費と投資を行い、投票箱に票を投じて選挙にかかわっている。言ってみれば、どの行為も選択であり投票なのだ。

この3つ以外にも、私たちは人生で、あるいは日常生活において、さまざまな投票をしている。なかでも非常に重要な投票が職業の選択だ。この章に職業上のキャリア選択についての議論を加えるのはためらわれるが、そこに大きな意味があるのは確かだ。石油・ガス会社はよい人材の確保に苦労しており、これは個人の職業選択が社会を変えうることを示唆している。私のまわりにはロシアの国営石油会社ロスネフチで働いている知り合いが何人もいて、そういうキャリア選択については仲間たちと長時間の議論をすることもある。だが、職業選択の自由があることを前提としているために、この種の話はエリート主義的になりがちだ。この問題をめぐる倫理を枠にはめるのは困難なので、本書ではこれ以上踏み込まない。いままでどおり企業と個人は分けて考え、この問題はそのままにしておこう。

フットプリントは「力の及ぶ範囲」を、そして責任をもってその力を行使するための「注意義務」を表すという私の考えはすでに述べた。この「注意義務」を果たせなかった場合、私たちは有罪になる。これは大きなことにも小さなことにも等しく当てはまる。重要なのは、「小さな種」、つまり要因となりうるのはどんなことか、そして私たちにそれを変えるどんな力があるのかを考えることだ。

最初にしなければならないのは「消費選択のフットプリント」という枠から脱け出すこ

とだ。この枠に私たちを収めたのは、実は、ほかならぬ私自身だった。個人の消費、企業の生産、金融機関の投融資をいっしょくたにせず別々に比較するために、意図的にそうしたのだ。だが、私たちの変革の可能性を理解し、挑戦していくためには、ここでその枠を外さざるを得ない。個人の消費選択を投資や政治と地続きのものとして考え、より大きな影響力を発揮できる可能性を探ってみよう。

選択できる3つの分野

こうした問題に熱心に取り組んでいる人なら、首を傾げて言うかもしれない。消費フットプリント計算機なら知っている。投資フットプリント計算機だって見たことがある。だが、政治フットプリント計算機なんて見たことがない、と。サステナビリティーの世界では、現状の変革のために個人の責任を追及しなければならないという見方がある一方、個人の責任など全世界の政治的変革の妨げになるだけだという見方もあり、専門家が両陣営に分かれて角突き合わせている。にもかかわらず、それぞれの選択が相対的にどの程度のフットプリントを生むかについては、これまで誰ひとり意味のある比較をしようとしなかった。そこで、この場でその比較をしてみよう。ビーンカウンターとしての私の（少なくとも本書の中では）最後の仕事だ。[11]

1　政治

ここではまず、投票先の選択から始めよう。そのためには当然、舞台をどこか特定の国に設定する必要がある。それにうってつけなのが、2021年のドイツだ。選挙前の夏、ドイツのシンクタンク、ニューエコノミーは5大政党のマニフェストについて「炭素予算」を試算した。その結果、自由民主党（FDP）のマニフェストは9・4ギガトン、保守系のキリスト教民主・社会同盟（CDU／CSU）と社会民主党（SPD）はそれぞれ7・1ギガトン、環境政党の緑の党は5・3ギガトン、極左政党リンケは4・2ギガトンの温室効果ガスを排出することがわかった。これらはすべて、2022年からカーボンニュートラル、つまり「ネットゼロ」に到達するまでのあいだに発生する温室効果ガスの総量を表している。ドイツがいつカーボンニュートラルを達成するかにもよるが、マニフェストによって異なる量が、長年にわたって累積されていくことになる。

問題は、各政党のカーボンフットプリントを有権者にどう割り振るかだ。なにしろ、これらのフットプリントは15年から30年という長期にわたって排出されるものであり、そのあいだにはもちろん、何度も選挙がある。有権者に割り振るといっても、かなりの計算と簡略化が必要になる。ドイツでは選挙の結果、連立政権になることがほとんどで、どの政党もそれぞれの政治姿勢や利益を直接的に実現することはできない。試算自体に推定上の不確実性が含まれているうえ、現実に生じる結果は純粋な政治的意思の結果ではない。そんな状況で政党のマニフェストの炭素予算を有権者に割り振ろうというのだ。しかも、各政党がどの程度まで公約を実行するかも想定しなければならない。

冒頭で批判したとおりのことを、また私自身がしてしまうところだった。またそんな計算を始めれば、物語を語ることに失敗してしまう。もうたくさんだ。計算の結果だけお知らせしよう。投票先を自由民主党から社会民主党に切り替えるだけで、個人の政治的フットプリントは年間約6871キログラム削減できる。これは相当な量だ。これだけ削減できれば、有権者として生涯に死なせる人の数を、約0・5人分減らせる計算になる。では、自由民主党から極左政党リンケに投票先を変えるとどうなるだろう。なんと年間1万6183キログラムの削減が実現する。実に驚くべき数字だ。

ドイツの政治に詳しい読者なら、リンケは選挙に勝ったわけでもなく、連立政権に参加しているわけでもなく、政策を立案したわけでもなく、たとえ立案しても100パーセント確実にそれを実行するとは限らない（これについてはすべての政党に同じことが言える）と指摘するだろう。実際にカーボンフットプリントを減らす政策を実行に移せるわけでもない政党に投票することを、どう考えたらいいのだろうか。

これまで話してきたように、カーボンフットプリントは現実の世界における排出量の増減やその影響を計算したものではない。排出量を個人の選択に基づいて割り振っただけのものだ。リンケに投票してカーボンフットプリントを減らすという選択は、店で肉を買わなかったり飛行機の代わりに電車を選んだりすることでカーボンフットプリントを減らすというのと同じだ。これらを意図的に選択した場合でも、世界の温室効果ガスの排出量を直接左右できるわけではない。これまでにも指摘してきたとおり、あなたのフットプリント、つまりキルスコアと、あなたが世界に及ぼす影響、つまりあなたの寄与度は区別して考えなければならない。その意味では、フットプリントでサステナビリティーを測るのはばかげていると言えるのかもしれない。

2　消費

通常の食事をビーガンや菜食主義の食事に切り替えると、個人のカーボンフットプリントは年間約800～1000キログラム削減できる。普通自動車から電気自動車に乗り換えた場合も、削減量は800～1000キログラムだ（これは自動車のライフサイクルに基づいた計算らしい）。移動手段を飛行機から電車に変えた場合の削減量は500キログラムほどで、消費電力をグリーン電力に変えても同程度の効果がある。つまり、食生活の見直しと電力および移動のグリーン化による削減量の合計で、年間約３０００キログラムのカーボンフットプリントを削減できることになる。

ごく小さなことが気候変動に対して力をもつことはすでに説明したが、ここで念を押しておきたいのは、この原則はサステナビリティーの他の分野でも同じだということだ。廃棄物に関して言えば、その顕著な例が紙おむつだ。海洋プラスチック問題の専門家で、コモンシーズの設立者兼ＣＥＯのジョー・ロイルによれば、使用済みの紙おむつは海洋ごみの中でも最も有害と考えられるという。コモンシーズは環境関連の公益会社で、モルディブやギリシャなどでプラスチックごみの回収システムの導入・実施に取り組んでいる。私にも幼い息子がいるのでわかるが、紙おむつから布おむつに切り替えたりおむつなしの生活に挑戦したりすることを考えると、少し怖《お》じ気《け》づいてしまう。だが、考え方を少し変えればどうだろう。完全に布おむつに切り替えるのではなく、子どもがうんちをしたあとにだけ、紙おむつではなく布おむつを当てることにする。それなら、そこまで難しくはないはずだ。子どもが健康なら、洗わなければならない布おむつにはほぼ１００パーセントの確率でおしっこしかついていないことになる。この方法で、子どもの紙おむつの使用量を２〜４割ほど簡単に減らせる。毎日の生活をさほど変えずに、うんちまみれのおむつを洗う羽目になることもなく、ジョー・ロイルによれば「最も有害な廃棄物」に対して大きな変化を起こせる。たしかに8割も減らせるわけではないが、目に見える効果がある。「小さな種」、つまり要因はときとして、文字どおり「小さい」というわけだ。

あなたの選択による「さざ波」は、どのように社会に波及するのだろうか。たとえばあなたが、それまでは週に一度、スパゲティ・ボロネーゼに使う牛ひき肉を200グラム買っていたのをやめたとする。販売量の減少に気づいた食料品店が卸売業者への牛肉の発注を（正確に200グラム分）減らし、それを受けた卸売業者が畜産業者への発注を（正確に200グラム分）減らし、それを受けた畜産業者が飼育する肉牛の数を（理論的に200グラム分）減らす。ここで初めて、あなたはカーボンフットプリントを減らせたことになる。

消費の場合は、このあと述べる投資と違って現金が動く。そしてボロネーゼの例のような間接的な波及効果だけでなく、直接的な影響力も及ぼせる。たとえば車に乗らずに歩く。高画質ではなく標準画質で動画を見る。電気を消す。レジ袋を断る。労働者の権利を尊重する企業から商品を買う。そういうことをするたびに、あなたは世界を少しずつ変えていける。あなたの手にはその力がある。

そして、団結することでその力は増幅される。ビーガン・ボロネーゼを食べるというあなたの小さな選択に周囲の人々が同調しだすと、あなたの声は少し大きくなる。まず卸売業者がそれに気づき、やがては生産元もそれに気づく。あなたの意見が多くの人に支持されるようになれば、やがてその声は最高潮に達する。そして、その波がついに新しい明日の岸辺に立つ大勢の足もとに打ち寄せるとき、そこからよりよい1日が始まる。

3　投資

投資のフットプリントはあなたの貯蓄額による。100万ドルを投資する場合と1000ドルの貯金を何かに使う場合とでは、フットプリントは劇的に異なる。また、どんなふうに貯金するかによっても違いが出る。マットレスの下に現金を隠しておけばカーボンフットプリントはごく限られたものになるが、仮想通貨に変えるとそれよりいくぶん増える。1ビットコインを保有すると、年間約2000キログラムのCO_2を排出することになる。

典型的な例として、5000ユーロほどの貯蓄を株式で保有しているケースを考えてみよう。その資金を低炭素株に移動させると、カーボンフットプリントを年間約1500キログラム削減できる。一方1ビットコインを現金に換えてマットレスの下に隠せば、約2000キログラムの削減だ（本当は1ビットコインの価値をここに書きたかったのだが、諦めるしかなかった。ビットコインの価値がどれほど変動するか、まるで予測がつかないからだ。といっても、1

ビットコインの価値は5000ユーロをゆうに上回るだろう)。

なお、くり返しになるが、フットプリントと現実世界におけるインパクトとのあいだには大きな隔たりがある。たとえビットコインを売却しても、ビットコイン自体がなくなるわけではなく、サーバーの電力は消費されつづける。取引すれば、その分のエネルギーも余計にかかる。同様に5000ユーロの投資先を変えても、高炭素株の保有者が変わるだけだ。言ってみれば、タイタニック号の上でデッキチェアを移動させるようなもので、実際の排出量は削減されない。

投資は、消費のように直接的な影響を及ぼすわけではない。あなたがティムから買った株は、ティムがジェーンから、ジェーンがマリアから買った株だろう。あなたが大きな資本市場に投資しても、あなたと投資先の企業とのあいだで実際に現金が動くことは(配当金の支払い以外では)まずない。

選択による効果の比較

ここまで見てきたとおり、選挙で投票先の政党を変えれば(ただしあまり楽観的ではない政党への移動に限る)年間約6800キログラム、食事、電力、移動関連の消費行動を変えるとその半分弱、5000ユーロの投資先を変えるとそのまた半分弱のカーボンフットプリントを削減できる。つまり、投票で自動車約4台分、消費で約2台分、投資で約1台分の重さのフットプリントを毎年削減できることになる。

投票にこれほど重みがあるのはどうしてだろうか。政治が消費よりも重要だからではない。消費選択を変えた場合は、うまくいっても自身のフットプリントを減らせるだけだが、投票で政治を変えた場合は、他人のフットプリントまで、しかも消費選択の場合よりはるかに直接的に減らせるからだ。投票の結果行われる政治は、有権者と非有権者の両方のフットプリントを左右する。これは、まとまった多数の声から生じる「正の外部性」とでも言うべきものだ。多数の声が団結して社会全体の変革を促す投票は、政治的な外部性を伴いうる。

「正の外部性」は文化の領域でも生じることがある。社会規範、価値観、行動パターンの変化が、その他大勢の日常の意思決定にゆっくりと、しかし確実に浸透していくことで生まれるプラスの効果がそれだ。たとえば企業にビジネス慣習を変えるよう圧力をかければ、自身が消費する商品のフットプリントを減らせるだけでなく、仲間のフットプリントも減らすことができる。

消費と投資を比較してみても、これに似た原理が働いているのがわかる。消費1ユーロあたりのフットプリント削減量と、投資1ユーロあたりのフットプリント削減量は、似たような数字になる。違いは、多くの人は投資するより消費するほうに、より多くのお金を使うということだけだ。

これまで見てきたように、サステナビリティーのためには消費選択を変える以外にもできることがあるのに、私たちはそれをつい忘れがちだ。1ユーロ、1ポンド、1ドルあたりのフットプリント削減量（くり返しになるが、これはインパクトの大きさとは違う）は、スーパーマーケットで消費しても銀行の支店に預けておいてもほぼ同じかもしれない。だが、私たちが狭い視野でしか考えられずにいる結果、フットプリント削減のための能力も知識も、消費分野と投資分野とでは差がついてしまった。そして、そのそれぞれに違う落とし穴が口を開けている。

まやかしの「サステナブル」の蔓延

投資分野でのフットプリント削減は、スーパーマーケットでのそれよりははるかに容易だ。理由はいくつもある。第1に、「サステナブル」と称するファンドにかかる手数料は通常、一般のファンドと同程度だ。一部のカテゴリーで例外はあるが、全体としてはそう言っていい。放し飼いの鶏卵を買うと高くつくが、同じく「放し飼い」の（つまり環境に配慮した）ファンドを買ったからといって高くつくことは、設計上ありえない。第2に、文字どおり何百もの学術研究の結果、「サステナブル」を名乗るファンドのリターンは基本的に一般のファンドと同等で、場合によってはそれを上回ることがわかっている。第3に、投資の取引は簡単で、ひとたび資金を再配分すれば、あとはポートフォリオ・マネージャーに任せておけばいい。毎日、毎週、スーパーマーケットを歩き回らなければならないのとは、まったく違う。ファンドの選択の際に行う投資委任の一環として、私たちは決定から降りているからだ。

私が皮肉な言い方をしたことに、もうお気づきだろう。「サステナブル」を名乗るファンド、がそれだ。「サステナブルなファンド」には落とし穴があまりに多く、それだけでも本が書けるほどだ。実際、私も本書を書く前は、そのテーマで1冊書くつもりだった。これについては本書の冒頭でグリーンボンドを取り上げたが、もうひとつお気に入りのエピソードがある。インデックスプロバイダーのMSCIは2015年、初の低炭素インデックスファンドを発表した。その筆頭が「MSCIワールド低炭素リーダーズ指数」だが、これがお笑い種《ぐさ》だった。世界最大の石油・ガス会社エクソンモービルの全投資先に占める割合が、市場の一般的なインデックスファンドよりも高かったのだ。それどころかファンド発足当時、エクソンモービルのシェアは全投資先のうち最大だった。

技術的な理由（セクターを特定しないという方針やカナダのオイルサンド企業を避ける意図など）がいろいろあったにしても、「低炭素社会のリーダー」で構成されるはずのインデックスファンドの最大の投資先がエクソンモービルだなんて、まともな神経の持ち主ならありえない。２０１５年から何年もたち、インデックスファンドの世界も当時とは変わった。今日の株式市場ではテクノロジー銘柄が優勢で、そのためMSCIワールド低炭素リーダーズ指数が現在投資先にしている大手企業は、基本的にすべてハイテク企業になっている。サステナビリティーのソリューションを提供する企業が上位10社に入るような段階にはまだ進んでいないにしても（その顕著な例がテスラだ）、私たちは進歩していないわけではない。

同様の問題は気候変動対策ファンドなどのいわゆるESG（環境・社会・ガバナンス）ファンドにも蔓延している。最大手のESGファンドを謳っていながら、最大の構成銘柄がマクドナルドというファンドに出くわしたこともある。問題なのは株式投資そのものだけではない。その語られ方も問題だ。ある大手資産運用会社は欧州の顧客向けに「このファンドに10万ユーロを投資すれば温室効果ガスの排出を４００トン分削減できます。これは自動車で世界を60周する量に相当します」と説明していた。しかし、これまで見てきたように、車での世界一周を控えることと仮想資産を移動させることは同じではない。問題はほかにもある。「化石燃料からの撤退」を掲げるファンドに豆粒ほどの小さな文字で書き添えられた例外事項だ。石炭産業への投資を除外したファンドのふたつにひとつが、結局はポートフォリオに石炭を組み込んでいることを明らかにした研究もある。ほんの小さな文字列に、タンカーが通り抜けられるほどの抜け穴が開いているのだ。

結局のところ、まともな人間がこの混乱の中で進むべき道を見つけるのは容易ではない。だからといって、食料品店や商店で「持続可能な消費」の選択の最適解を探すほうが容易だと言うつもりも毛頭ない。たとえばＨ＆Ｍのサステナブルを謳うコレクションは、「素材として通常のコレクションよりも多くの合成繊維が使用されているうえ、調査した衣服の5分の1が１００パーセント化石燃料由来の合成繊維製だった」ことが環境ＮＧＯ、チェンジング・マーケッツ・ファンデーションの調査で判明している。このＮＧＯの分析によれば、イギリスを含む欧州企業が広告で主張していることの59パーセントは「根拠がない」か「誤解を招く」ものだったという。金融分野についての別の調査では、ファンドの環境特性に関する情報の99パーセントが「具体的で曖昧さのない、正確な裏付けのある情報開示をすること」という当局の指針に違反していると判明した。だが、今日の消費者は知識を蓄えて以前よりずっと賢くなっていて、ビジネスの世界全体に広がるこうしたグリーンウォッシュ［実態に反して環境に配慮しているように見せかけ、環境意識の高い消費者を欺くこと］に気づきはじめている。このことは今後、状況を変える力となるだろう。

投資の世界に見える光

科学と法律は、グリーンウォッシュやサステナビリティー全般に関するルールの基礎となる。だが、最終的にすべてを判断するのは消費者だ。そして、いま挙げたような憂鬱な研究から少し目をそらすと、希望の光も見えてくる。

私が2019年にシンクタンクのメンバーと立ち上げた投資プラットフォーム、マイ・フェア・マネーには5000以上の投資ファンドがリストアップされていて、ユーザーは労働者の権利、ジェンダー、動物保護、そしてもちろん気候変動など、気になる条件を数回クリックするだけでファンドをふるいにかけられる。たとえば労働者の権利に配慮したファンドを探すと、投資できるファンドが1000は見つかる。くり返しになるが、見つかるファンドが完璧とは限らない。だが、判断基準が何もないよりはましだ。そしていま、この問題に関しては注目度や知識・関心が高まりつつある。それは私がファンドマネージャーや営業担当者から聞く話からも実感しているし、学術研究にも表れている。投資の世界は時代に追いついてきた。

そして、少し努力すればダイヤモンドの原石はいくつも見つかる。イギリスの資産運用会社WHEBは、環境にも社会にもプラスのフットプリントを与える企業だけに投資する方針を貫いている。WHEBのポートフォリオにマクドナルドや化石燃料関連企業が紛れ込むことは、けっしてない。運用リスクはいくらか高めかもしれないが、これまでのところ高いリターンを誇っている。

善い生き方とは、曲がり角の先で待ち受けているものでもなければ、ESGファンドや持続可能な投資だけで実現できるものでもない。だが、マイ・フェア・マネーのようなプラットフォームによって、自身の「注意義務」の認識に照らして最適なファンドを見つけるための手間や取引コストは劇的に減っている。どのファンドを選ぶかは、最終的には個人の選択に任されている。たとえば単に「新たな趣向の投資」で満足できる人は、マクドナルドが構成比で上位に紛れ込んでいても気にならないだろう。だが、それでは満足できない人にとっては、より野心的な投資が必要だ。あなたの志向がどうであれ、広大なサステナビリティーの世界で自身のフットプリントを減らしたければ、投資ほど容易な手段はほかにない。

政治にできること

投資というシンプルな手段はぜひ検討すべきではあるものの、個人がフットプリントを減らせる3つの分野の中で効果が最大というわけではない。その可能性があるのは、やはり政治の世界だ。

というのもフットプリントが教えてくれたように、私たちの力の及ぶ範囲は政治の世界でこそ、他人のフットプリントをも同時に減らすことで最大に広がるからだ。だが、その力を現実にインパクトに変えるには、コミュニティーとして団結し、力を合わせなければならない。この点では政治の世界も投資の世界とさほど変わらない。大企業の株をほんのわずか所有することで得られるあなたの声は、他の株主の声と合わさって初めて発言力となる。もちろん、地域社会に小さな解決策を提供するという誰かの夢を実現するために、もてる資金を小さなビジネスに投資することもできる。地元コミュニティーのための政治活動をするのもいい。小さな努力、小さな連携、小さな変化だ。あるいは、自分の1票を他の人と協力して使い、企業にビジネス慣習を変えさせたり、自国の選挙に影響を与えたりもできるだろう。大きな努力、大きな連携、大きな変化だ。

サステナビリティーの本ではたいてい、このあたりで著者が政策提言や政策ビジョンを語り、実現すべき政治的変化について熱弁をふるうものだ。消費と投資についてはすでに話したので、ここで政治についても語るべきだろう。実際、当初はひとつの章を全部それに充てる予定だった。だが、いざ書こうとしたら、サステナビリティーの業界人に人気のマンガしか思い浮かばなかった。登場人物はふたりの男で、ひとりが着ているTシャツには「Revolution Now(いまこそ革命を)」、もうひとりのTシャツには「Incremental Change at a Time That's Convenient(小幅な変化をタイミングよく段階的に)」と書かれている。ふたりは庭に立っていて、ふたり目の（小幅な変化のTシャツの）男がひとり目の男に言うのだ。「おれたち、どっちも日が当たらないなあ」

必要な政治的変革についてここで何を書くべきなのか、何を書けば読者に時間を割いて読んでもらうに値するのか、正直言ってよくわからない。だが、意味のある政治的提言ができるかどうか、思いきって試してみよう。

炭素税を導入せよ
高速道路（アウトバーン）に速度制限を
使い捨てのプラスチックを禁止せよ

プラスチック税を導入せよ
サプライチェーン全体で労働安全を徹底せよ
国際社会の協力を推進せよ
科学的根拠に基づいた政策設計を
未成年者のＳＮＳ利用を禁止せよ
文化を変え、もっと長期的に考えよ
化石燃料への補助金を廃止し、金融業の税制優遇措置を変革せよ
私たちはよりよい人間になるべきだ

たぶんどれも納得がいくと思うが、はたして読む価値があったかというと疑問だ。思うに、問題は政治的要求が少なすぎることではないのだ。持続可能性をめぐる政治的な議論は華々しいものではないし、いつも同じことのくり返しだが、すでに広く行われている。私はシンクタンクで働いているので、解決策を考えることも日常業務のひとつだ。だが、解決策が足りないことが本当に問題なのだろうか。正直に言って、私たちがじゅうぶんな解決策を考えてこなかったことが問題だとは思えない。

ドイツの高速道路アウトバーンは世界的に有名だが、その多くに速度制限がない。信じ

がたいほどの贅沢《ぜいたく》だ。ドイツ連邦環境庁の調査によると、もし時速100キロの速度制限を設け、みながそれを守れば、高速道路で出る排気ガスは2割減るという。CO2に換算すると、年間600万トンの削減だ。つまり気候変動による死（高速走行による交通事故死ではなく）を6000人分減らせる計算だ。念のためもう一度言うが、最も控えめに見積もっても、年間約1500人の死を避けられることになる［101ページ参照］。期待されるCO2削減量についての科学者の見方はほぼ一致しており、走行速度を上げれば1キロメートルあたりの炭素排出量がその分増えるのは明らかだ。だが、どうやらドイツ人は、常に最高速度で走るのをやめる気がないようだ。

だから私はここで、速度制限を設けるよう提言してみたわけだ。それをすれば全員が制限速度を守るわけではないにしろ、キルスコアは減るだろう。あるいは、牛肉禁止もいいかもしれない。認めたくはないが、牛肉はおいしい。だが、なくてもなんとかなる。鶏肉《とりにく》や豚肉や七面鳥があるし、どうしても困ったら昆虫食だってある。だから牛肉禁止を提言してもよかったのだが、そんなことは読者もとっくに知っているのではないだろうか。速度制限や牛肉禁止が気候変動の抑制につながることを知りたくて本書を読んでいる人がいるとは思えない。

だが、政治的変革について、これだけは言っておきたい。政治には、正しい行動をとる際に必要な「取引コスト」を削減する能力と責任がある。これこそは、政治に関する最も重要な真実ではないだろうか。

取引コスト削減の意義

私たちは、サステナビリティーの観点から正しい行動をするには常により多くの労力が必要だと、それがまるで自然法則ででもあるかのように感じがちだ。たとえば、ごみを善意で5つに分別するより、ひとつのごみ箱にまとめて捨てるほうが簡単だ。移動手段の選択にしても、A地点からB地点へ移動するのにタクシーにするか公共交通機関にするか、自動車にするか自転車にするかを選ぶとき、往々にして「正しい」行動のほうが労力が余計にかかる。このような「取引コスト」を低減していくことは、効果的なサステナビリティー戦略を策定するうえで最も不可欠な要素だ。

キルスコア関連の取引コスト低減のための政策設計の参考になるのが、歩行者の信号無視の取り扱いだ。これは私が政策設計を語るときのお気に入りのたとえだ。というのも交通規則は公共の場におけるごく日常的な行動に関するものなのに、ルールや規制の対象となる状況を当事者がよく知らないことが多く、その点でキルスコア関連の行動と似ているからだ。
自問してみてほしい。赤信号で道を渡る場合の諸規則を、あなたは確信をもって答えられるだろうか。それが違法だったとして、罰金はいくら科されるか知っているだろうか。本当に？　この質問を友人にチャットで送ったら、こんな返信が来た。「たいていの人が自信をもって答えられるのは、赤信号を渡るのが違法かどうかよりも、ハリー・ポッターの作者名のほうだろうね」

赤信号を無視して道を渡るのは賢明ではない。赤信号で渡ると、車に轢《ひ》かれる確率が青信号で渡るときの10倍から20倍に跳ね上がる。こんなことを言うとまた、ドイツ人は杓子《しやくし》定規だと笑われるかもしれない。だが、赤信号を無視するのは危険だ。読者は道の歩き方ぐらい百も承知だと自負しているかもしれないが、ボクシングの元世界チャンピオン、マイク・タイソンも言っていたではないか。「誰でも、どうやって勝とうかと考えているんだ。口元にパンチを食らうまではね」と。

アメリカで行われた分析によると、交通事故死のうち「歩行者」が亡くなる割合は約500分の1だという。歩行者の死亡事故のうち「信号無視」によるものは6人に1人の割合なので、掛け合わせるとおよそ3000人に1人が信号無視で死亡していることになる。信号無視によって死亡する歩行者の年齢を、平均年齢の40歳と仮定してみよう。すると、1人亡くなるごとに40年分の平均余命を失っている計算になる。これを3000で割ると、信号無視ばかりしている人の余命は平均して5日ほど短くなる。つまり、人生の時間の約41万5000秒（ワーグナーの『ニーベルングの指輪』を通しで7回鑑賞できるだけの時間。もう少し若い読者向けに言えば『フレンズ』の全エピソードを観られるだけの時間）を失っていることになる。

赤信号で待つのはほとんどの場合、煩わしい。キルスコアを減らすのにも似た煩わしさだが、それを克服するという課題は、人生のあらゆる場面にちりばめられている。その無数の小さな克服の寄せ集めこそが、私たちの人生や周囲の世界を変えていくのだ。そして、この問題にはいろいろな解決策がある。

ひとつは「文化」だ。赤信号を無視することに対する社会的圧力があれば、行動は変わる。研究によると、人は周囲に他の歩行者がいると、信号を無視せず待つ傾向があるという。もちろん社会的圧力の強さは社会の結束やその他の要因に左右されるが、このことからわかるのは、取引コストは常に金銭的なものとは限らないということだ。

次に、伝統的な「罰金と違法化」という戦略がある。ある研究によると、日本の信号無視の罰金額は世界最高で、同時に信号無視の割合は世界最低だという。この論文はまた、政治と文化の融合の必要性も説いている。日本の赤信号横断率は、純粋に政策による動機づけだけで低くなっているのではないからだ。フランスとドイツはルールも罰金（パリでもベルリンでも5〜10ユーロ程度）も非常に似ているにもかかわらず、違反の傾向は異なるという事例もある。

第3の戦略として、「スマートな道路設計」がある。イギリスでは従来の「ペリカン」式横断歩道よりも、ユニバーサルデザインの「パフィン」式横断歩道のほうが優れているという見方が一般的だ（両者の大きな違いは、パフィン式横断歩道は信号機が道の向こう側ではなく歩行者の側にあることだ。これにより視力の弱い人でも見やすいうえ、歩行者は車の流れと信号とを同時に確認できる）。このデザインは信号無視の頻度を変えることはできないかもしれないが、待つ意欲を高め、横断歩道での事故を減らす効果があるようだ。

政策によるインセンティブが特定の行動や取引につながれば、そのインセンティブは成功であり、効力を発揮する。チェーホフの『妻』に出てくる医師ソーボリはワインを注ぎながら「反復は学習の母なり」と言ったが、私の政策提言は「信号無視の難問に学ぶべし」だ。被害軽減のための対策はいろいろ考えられる。法の強権を好む人は違法化や罰金を、リベラル派は「ナッジ」［環境デザインやメッセージの工夫によって人の自発的な行動変容を促すこと］を、リバタリアンなら「裸の道路」（標示や道路標識、信号などが一切ない無標示道路）を提唱するだろう。「裸の道路」の核心には、交通標識や案内板を減らすと不確実性が増すため安全運転になり、ひいては死亡事故が減るという考え方がある。

　こうしたアイデアはいずれも、信号が青に変わるのを手持ち無沙汰に待つ人の取引コストを下げる。そして正しいことをするほうが簡単でストレスがなく、ある意味、安上がりだと教えてくれる。この本を読んでいる人の大半には一定の政治哲学、つまり世界に対するある種の見方があるだろう。それはしばしば左、右、中道というように方向を表す名称で呼ばれる。私にも私なりの見方があるが、本書で読者の方向性を変えられるとは思えないし、いま挙げた選択肢のうち「取引コストを下げる最適な方法はこれだ」と言ったところで、納得してもらうのは難しいだろう。

　だから、サステナビリティーにかかわる多くの政治的課題のうち、この取引コストの側面にさえ注目してもらえれば私は満足だ。私がこれほど取引コストを気にするのは、取引コストの削減こそは、個々人の行動を重視する政策モデルの表れだからだ。私たちは全員が消費者、投資家、生産者としての主体性をもち、それぞれにソフトパワーを発揮している。私たちの行動力を強化することは重要であり、そこにこそ政治が介入して、人々の声を真剣に受け止めなければならない。そうなれば、私たちはドイツの詩人シラーの詩『鐘の歌』の鐘になれる。

固いものが柔らかなものと
強いものが穏やかなものと
結びついたときに
鐘は美しく響く

私たちが最大限の力を発揮すればどこまで影響を及ぼせるのか、その範囲を認識できなければ鐘の音は響かず、解決策は何ひとつ実行されないままになる。そして私たちの力の及ぶ範囲は、プロローグの言い回しを使えば、機会が活《い》かされることのない「抽象という氷の砂漠」に変わってしまう。

希望のさざ波

人々の声を賢く活用する方法を編み出せれば、対策を決める際につきものの政治的な泥仕合を避けられる。そして、この世界を変える道はふたつ（そしてそれ以上）あることがわかってくる。ひとつは団結による変革の可能性を信じ、その可能性に焦点を当てる道。大きな努力、大きな連携、大きな変化の追求だ。もうひとつは、日々の選択にエネルギーと努力を注ぐことで、個人レベルの変革を起こせると信じる道。小さな努力、小さな連携、小さな変化の追求だ。

このふたつの異なる道に共通するのは声、行動、そして「希望のさざ波」だ。それがなければ、生活を変革しようという私たちの思いや願いは宇宙空間で発した声のように、反響も残響もないままに消えてしまう。だが、この地球上でなら叫びは届く。反響をどれだけ強く望むか、どんな反響を望むかは人それぞれかもしれない。また、日々多くの選択をするたびに、その選択にどれほどの力があり、その力がどれほどの範囲に及ぶかを、誰もが常に実感できるわけではない。自身でコントロールできる領域、つまり私生活におけるごく小さな選択に注力する人もいるだろう。政策やビジネスを根本的に改革しようとする人もいるだろう。その両方を同時に追求しようとする、エネルギッシュでタフな精神の持ち主もいるかもしれない。だが、いちばん肝心なのは動きだすことだ。ケストナーの言うとおり、「実行しないかぎり、善はどこにも存在しない」のだから。目標の完璧な達成は難しくても、ごく小さなこと、目立たないこと、いちばん外側から手をつけよう。不完全な変化でもいい。手の届くところから始めよう。

私たちはここまで、日々の選択という「小さな種」、つまり小さな要因が人を死なせることについての、いくつもの小さなストーリーをめぐり歩き、長い旅をしてきた。スタインベックの農民《パイサノ》たちがマッチを擦ってうっかり家を燃やしてしまったように、私たちもいま、この世界を燃やし尽くそうとしている。『トルティーヤ・フラット』の主人公たちには選択肢があり、何かできることがあったはずだ。ところが彼らはそれをしなかった。家が燃えているあいだ、「彼らは座って微笑《ほほえ》んでいた。炎は蛇のように天井に這い上り、屋根を突き破って咆哮《ほうこう》をあげた。そのときになって初めて、彼らは椅子から立ち上がり、夢でも見ているかのようにふらふらとドアから出ていった」。読んでいると思わず叫びたくなる。遅すぎる！　もっと急いで！　と。けれどパイサノたちは、運命に好き勝手を許す道を選んだのだ。

『トルティーヤ・フラット』の幕開けは、カリフォルニア州モントレーの暑い夏だった。私たちの物語の幕開けは、というか、本書のきっかけとなった私の体験は、凍《い》てつく1月の夜だった。私はマフラーをきつく巻き、ヴァルター・ベンヤミンも歩いた「抽象という氷の砂漠」から、なんとかして脱《ぬ》け出そうとした。私たちの物語が『トルティーヤ・フラット』と同じ結末を迎えることのないよう、心から祈っている。スタインベックのパイサノたちのように、燃え広がる火をそのままに、夢でも見ているかのように退場するのはごめんだ。この物語はベンヤミンで始まったのだから、ベンヤミンの言葉を拝借した呼びかけで締めくくることにしよう。

1日は新しいシャツのように、毎朝ベッドに広げられる。
その1日を、信念と決意をもってスタートさせよう。
そこから始まる24時間の幸せは、そのシャツをどう着るかにかかっている。

さあ、立ち上がろう。世界を変えよう。火を消そう。地球を救おう。そして、命を救おう。ひとりでも多くの命を。

謝辞

ディーター・トーメ、ダニエラ・ハートマン＝トーメ、オットー・トーメ＝ヴァルフォルト、ロッティ・ヴァルフォルト、アンナ・ヴァルフォルト、トム・クラウスハー、ペートラ・エガース、ヤーネ・フィニガン、フェルディナント・マウブライ、ショーン・ヴィリアムス、アンネ・シェーナウアー、アレックス・ミッヒー、ニーナ・コルターマン、ラファエル・シェトラー、フランツィスカ・マーガー、アマ・アスヴァート、ユリアほかグートヴェンガー家の皆さん、そしてこの本を世に出させてくれたクレット・コッタ社の皆さんに感謝します。

8　この調査が行われてからすでに20年が経ったが、事態はさして改善していないようだ。WHOは、この数は2030年までに25万人に増えると推定している。事態はさらに深刻だとする研究もある。たとえばモナシュ大学の研究者は、現在すでに年間500万人が亡くなっていると推計している。

9　ブラックストンの構成要件の正確な数についてはさまざまな解釈が可能で、5つとする研究者もいるが、私は6つを採用した。そうすることで、より精度の高い議論が可能になると考えたからだ。

10　念のために言うと、電気自動車も完璧ではない。とりわけ、本書でも取り上げた「紛争鉱物」が使われている点は問題だ。

11　このあとの計算は、公表されている2021年の分析に基づいている。

原注

1　欧州委員会は2021年、この問いに「数えられる」と答えた。持続可能な投資を促進するためのいわゆるEUタクソノミー*において、科学諮問委員会の勧告に反し、グリーンプロジェクトのリストに原子力およびガスを加えたのだ。ただし、これはウクライナ戦争以前に起きたことだ。

*2050年までにカーボンニュートラルを達成するという目標に向けて「持続可能な経済活動」を体系化した規則

2　公平を期して言うと、これはサステナビリティーの専門家に限った問題ではない。多くの分野の科学者が、自身の専門分野は"普通の"人には理解できないと決めつけて自分たちの周囲に複雑な用語や概念の壁を築き、門外漢を締め出している。教養と良識のある市民なら、そんなことをして誰の役に立つのか、何のためにそんなことをするのかと、異議を唱えたくなるだろう。

3　リチャード・パーンカットの立場は物議を醸した。2012年に発表した論文では気候変動否定論者に死刑を求刑すべきだと主張したため、大学は彼に対する懲戒手続きを開始した。のちにパーンカットはこの発言について謝罪している。

4　実のところ、正確な数は判明していない。多数の資料が1億としているが、どうやら間違った数字を互いに引用し合っているようで、1億トンは正しくはプラスチックごみの量だ。また、100万とする資料も複数あるが、この数字も1986年の資料——そこに書かれているのは他の専門家の意見を曖昧に引用した数字にすぎない——を参照したものらしい。要するに、正確な数はわかっていないのだ。

5　国家に抑圧されている、あるいは騙されていると感じている人々においては、ワクチン接種を控える傾向がとくに強い。誤った情報を大量に浴びている人々も同様だ。私はワクチン接種を迷う人たちの悩みを個人的に見聞きしてきたので、そうした内面的な葛藤を過小評価するつもりはない。だが、ファレルのケースはそのいずれにも該当しない。

6　Huelの効果は科学的には未解明だが、信奉者の大半は健康に有益だと熱烈に主張している。

7　ILOによる最新の調査は、もう少し保守的に、年間死者数を200万人弱と見積もっている。

Lorena Hell et al., ≫Pedestrian Behavior in Japan and Germany: A Review≪. *2021 IEEE Intelligent Vehicles Conference.* 2021. S. 1529–1536.
Friedrich Hölderlin, *Sämtliche Werke. Band 2: Gedichte nach 1800.* Stuttgart 1953. S. 153.
Wolf Biermann, ≫Was verboten ist, das macht uns gerade scharf≪. *Lied.* 1965.
Arnold Clark, ≫Everything you need to know about pedestrian crossings≪. *Arnold Clark Guide.* 2019.
Jessica Mairs, ≫Exhibition Road accident shows it's ›time to review shared space‹ says Labour MP Emma Dent Coad≪. *Dezeen,* 09/10/2017.
Anton Chekhov, *Meine Frau.* Wiesbaden 1958. S. 50.
Richard Thaler & Cass Sunstein, *Nudge: Improving Decisions About Health, Wealth, and Happiness.* London 2009.
Walter Benjamin, *Gesammelte Schriften IV.* Tillman Rexroth (Hrsg.). Frankfurt a. M. 1991. S. 142.

Adam Smith, Theory of Moral Sentiments. London 1812. S. 5.
New York Times, ≫The Private Hemingway≪. *New York Times Books,* 15/02/1981.
Erich Kästner, *Es gibt nichts Gutes, auser: Man tut es.* E-Book. 2015.
The Royal Society, ≫Digital Technology and the Planet: Harnessing Computing to achieve Net Zero≪. *Royal Society Report.* 2020.
GreenEatz, ≫Food's Carbon Footprint≪. *Greeneatz.com.* 2022.
John Vidal, ≫Baby Diapers Are Hiding Some Dirty, Dangerous Secrets≪. *Huffington Post,* 18/04/2019.
Aristoteles, *Politik.* Reinbek 1965. S. 10.
Pareto, Vilfredo, *Manual of political economy.* Oxford 2014. S. 9.
Erich Fromm, *Gesamtausgabe in zwölf Bänden.* Band V. München 1999. S. 309–331.
George Bush, ≫Presidential News Conference, 12/10/2011≪. *C-span.org.* 2011.
Jakob Thomä et al., ≫Citizen's Footprint: An analysis of the carbon footprint of our consumption, investment, and political choices for the UK and Germany≪. *2° Investing Initiative Working Paper.* 2021.
Konzeptwerk Neue Ökonomie, ≫Ist Klimagerechtigkeit wählbar? Eine Wahlprogramm-Analyse≪. *Konzeptwerk Neue Ökonomie.* 2021.
MSCI, ≫MSCI Low Carbon Leaders Index Factsheet≪. *MSCI Index Factsheets.* 2015.
Jakob Thomä, ≫Cabinet of Curiosities: A very brief introduction to the wonderful and curious world of mainstream & low-carbon benchmarks≪. *2° Investing Initiative Working Paper.* 2022.
Stanislas Dupre & Pablo Felmer Roa, ≫EU retail funds environmental impact claims do not comply with regulatory guidance≪. *2° Investing Initative Working Paper.* 2020.
Changing Markets Foundation, ≫Synthetics Anonymous: Fashion brands' addiction to fossil fuels.≪ *Changing Markets Working Paper.* 2021.
MeinFairMögen, ≫Fonds-Datenbank≪. *Meinfairmoegen.de.* 2022.
WHEB Asset Management, ≫FP WHEB Sustainability Fund≪. *Whebgroup.com.* 2022.
Umweltbundesamt, ≫Klimaschutzinstrument im Verkehr: Tempolimit auf Autobahnen≪. *UBA Kurzpapier.* 2021.
Marie Pele et al., ≫Cultural influence of social information use in pedestrian road-crossing behaviours≪. *Royal Society Open Science Vol. 4.* 2017. S. 1–16.
Richard Osbaldiston, ≫It won't happen to me: The Optimism bias.≪ *EKU Online Blog,* 02/03/2016.
Anwesha Nag, ≫›Everybody has a plan until they get punched in the mouth.‹ – How did the famous Mike Tyson quote originate?≪. *Sportskeeda,* 23/07/2022.
National Safety Council, ≫Odds of Dying≪. *Injuryfacts.nsc.org.* 2022.
Gross & Schuster, ≫The Dangers of Running Red Lights≪. *Gross & Schuster Injury Lawyers.* 2022.
Patrick Logue, ≫Jaywalkers stroll through the laws≪. *Irish Times,* 17/01/2007.
Deepti Muley et al., ≫Does Pedestrian Penalty Affect Pedestrian Behavior? A Case of State of Qatar≪. *Procedia Computer Science Vol. 184.* 2021. S. 234–241.
Hannah McDonald, ≫Here's How Long it Takes to Binge-Watch More Than 50 Popular TV Shows≪. *Mental Floss.* 2020.

Andrea Gerlin, ≫A Matter of Degree: How a Jury Decided That a Coffee Spill Is Worth $2.9 Million≪. *Wall Street Journal,* 01/09/1994.
Equity Generation Lawyers, ≫Mark McVeigh v. Retail Employees Superannuation Pty Ltd≪. *Equitygenerationlawyers.com.* 2020.
Climate Leadership Council, ≫The Conservative Case for Carbon Dividends≪. *Clcouncil.org.* 2017. S. 1.

10 判決

Immanuel Kant, ≫Idee zu einer allgemeinen Geschichte in weltbürgerlicher Absicht≪. In: *Werke.* Band 9. Darmstadt 1983. S. 41.
Mathis Wackernagl & William Rees, *Our Ecological Footprint: Reducing Human Impact on the Earth.* Gabriola Island (British Columbia, Canada) 1996.
CDP, ≫CDP'S 20th Anniversary Video≪. *Cdp.net.* 2020.
Dante Alighieri, *Die Göttliche Komödie.* Band 1. Hermann Gmelin (Übers.). München 1988. S. 37.
Gregory Solman, ≫BP: Coloring Public Opinion≪. *Adweek,* 14/01/2008.
Mark Kaufman, ≫The carbon footprint sham≪. *Mashable.* 2020.
John Kenney, ≫Beyond Propaganda≪. *New York Times Op-Ed,* 14/08/2006.
David Chandler, ≫Leaving our mark: MIT class tracks carbon footprint of different lifestyles; finds even the smallest U. S. footprints are relatively large≪. *MIT News,* 16/04/2008.
Bloomberg News, ≫2021 Tracking Carbon emissions≪. *Bloomberg.com.* 2021.
UNEP-FI /PRI, ≫Fiduciary duty in the 21st century≪. *UNEP-FI /PRI Joint Report.* 2019.
Frederick Fabian et al., ≫Swipe Left: Warum es bei nachhaltigen Finanzprodukten keine Matches gibt≪. *2° Investing Initiative.* Berlin 2020.
InfluenceMap, ≫CA100+ Investor Hub≪. *Ca100.influencemap.org.* 2022.
George Orwell, *1984.* München 2021. S. 15.
Magnum, ≫Magnum Ice Cream Sustainability≪. *Magnumicecream.com/uk.* 2022.
FAO, ≫Global Food Losses and Food Waste: Extent, Causes and Prevention≪. *Study conducted for the International Congress SAVE FOOD! At Interpack2011 Düsseldorf, Germany.* 2011.
Joshua Becker, ≫21 Surprising Statistics That Reveal How Much Stuff We Actually Own≪. *BecomingMinimalist.com.* 2022.

エピローグ

John Steinbeck, *Tortilla Flat.* München 1987. S. 176.
Ernest Hemingway, *Wem die Stunde schlägt.* Berlin 1979.
Immanuel Kant, ≫Zum ewigen Frieden≪. In: ders., *Werke in zehn Bänden.* Darmstadt 1983. Band 9. S. 193–251, hier S. 216.
Peter Wohlleben, *Das geheime Leben der Bäume: Was sie fühlen, wie sie kommunizieren – die Entdeckung einer verborgenen Welt.* München 2015.
Adam Smith, *Der Wohlstand der Nationen.* München 1978. S. 17.

Thomas Hobbes, *Leviathan.* Frankfurt a. M. 1984. S. 67.

Daniel A. Farber, ≫The Shadow of the Future: Discount Rates, Later Generations, and the Environment≪. *Vanderbilt Law Review Vol. 46(2).* 1993. S. 268–304.

M. Krahn & A. Gafni, ≫Discounting in the economic evaluation of health care interventions≪. *MedicalCare Vol. 31.* 1993. S. 403–418.

Markus Haacker et al., ≫On discount rates for economic evaluations in global health≪. *Health Policy and Planning Vol. 35(1).* 2020. S. 107–114.

Shane Frederick, ≫Valuing future life and future lives: A framework for understanding discounting≪. *Journal of Economic Psychology Vol. 27(5).* 2006. S. 667–680.

Thomas Hobbes, *Leviathan.* Frankfurt a. M. 1984. S. 96.

Jakob Thomä et al., ≫The Value of Life: What would climate policies look like if they mirrored the COVID-19 response≪. *2° Investing Initiative Working Paper.* 2022.

Jeremy Bentham, *An Introduction to the Principles of Morals and Legislation.* London 1970. S. 184 (Kapitel 15, Abschnitt 24).

Robert Nozick, *Anarchy, State, and Utopia.* New York 2013.

David Portnoy, ≫Tweet 17/12/2021≪. https://mobile.twitter.com/stoolpresidente/status/1471859356174016520.

Al Jazeera, ≫Young people first: Indonesia's COVID vaccine strategy questioned≪. *AlJazeera,* 13/01/2021.

Joy Ogden, ≫QALYs and their role in the NICE decision-making process≪. *Prescriber.* 2017.

Ben Trachtenberg, ≫Health Inflation, Wealth Inflation, and the Discounting of Human Life≪. *Oregon Law Review Vol. 89.* 2011. S. 1313–1348.

Bundesverfassungsgericht, ≫Beschluss vom 23. März 2021≪. *BVR 2656/18.* 2021.

Joel Feinberg, ≫Die Rechte der Tiere und zükunftiger Generationen≪. In: Dieter Birnbacher (Hrsg.), *Ökologie und Ethik.* Stuttgart 1980. S. 140–179, hier S. 170.

The King's Fund, ≫Ministers, not NHS England, should decide on the affordability of cost-effective new treatments≪. *The Kings Fund.* 08/02/2017.

Legal Expert, ≫Compensation For Murder Victims Families Partner Or Relative 2021 Update≪. *Legalexpert.co.uk.* 2021.

Rex Feral, *Hit Man: A Technical Manual for Independent Contractors.* Boulder (Colorado), USA, 1983.

Nina Shen Rastogi, ≫Dirty deeds done dirt cheap: How much does it cost to put a hit on someone?≪. *Slate,* 26/02/2009.

Aldous Huxley, *Schöne neue Welt.* Frankfurt a. M. 1974. S. 174.

Karl Marx, *Ökonomisch-philosophische Manuskripte.* In: ders./Friedrich Engels, *Werke, Ergänzungsband, I. Teil.* Berlin 1974. S. 465–588, hier S. 566 f.

Joseph Blocher & Darrell Miller, *The Positive Second Amendment: Rights, Regulation, and the Future of Heller.* Cambridge 2018. S. 190.

Giffords Law Center, ≫Gun Industry Immunity≪. *Giffords Law Center Laws & Policies.* 2022.

Jefferson Fisher, ≫So how do you hold this thing again? Why the Texas Supreme Court should turn the safety off the negligent entrustment of a firearm cause of action≪. *Texas Tech Law Review Vol. 46.* 2013. S. 489–518.

operation‹≪, *WION News,* 07/05/2022.
GunfreeFunds, ≫Invesco S&P Global Water Index ETF≪. *Gunfreefunds.org.* 2022.
Icke & Er, ≫Exit Strategie Songtext≪. *Lyrix.at.* 2022.
Arthur Schopenhauer, *Preisschrift über die Freiheit des Willens.* Hamburg 1978. S. 58.

8 検察側立証

Rachel Nuwer, ≫Investigating the case of the earliest known murder victim≪. *Smithsonian Magazine,* 27/05/2015.
William Blackstone, Commentaries on the Laws of England, Book the Fourth. London 1836.
Susan Frese, ≫Murder≪. *Crime Museum Blog.* 2015.
William Holdsworth, ≫Sir William Blackstone≪. *Oregon Law Review Vol. 7.* 1928. S. 155-157.
Strafgesetzbuch, § 211.
RP Online, ≫Weitere Mordfälle ohne Leiche. *RP Online,* 09/01/2008.
Ludwig Marcuse, *Obszön: Eine Geschichte der Entrüstung.* Zürich 1973. S. 184.
Muhammad Jawad Mughniyya, *The Five Schools of Islamic Law.* Qum 2003. S. 303.
DW Staff, ≫Polish Prime Minister Brings World War Two Into EU Vote Debate≪. *DW News,* 21/06/2007.
≫Master Settlement Agreement≪. https://publichealthlawcenter.org/sites/default/files/resources/master-settlement-agreement.pdf.
Jakob Thomä et al., ≫A Burden They Will Carry: The Potential Economic & Financial Cost of Climate Liabilities to Companies and Investors≪. *2° Investing Initiative Working Paper.* 2021.
Germanwatch, ≫The Climate Case Saul vs. RWE≪. *Germanwatch.org.* 2022.
R. F. Stuart-Smith et al., ≫Increased outburst flood hazard from Lake Palcacocha due to human-induced glacier retreat≪. *Nature Geoscience Vol. 14.* 2021. S. 85-90.
Nikolaos Antonakakis, ≫Fiscal Austerity, Unemployment and Suicide Rates in Greece≪. *MPRA Paper No. 45198.* 2013.
Strafgesetzbuch, § 323c.
William Blackstone, ≫The Lawyers Farewell to His Muse≪. In: Robert Dodsley (Hrsg.), *A Collection of Poems in Six Volumes. By Several Hands.* Vol. IV. London 1763. S. 224-228.
Supreme Court of Pennsylvania, ≫Commonwealth v. Malone≪. *Supreme Court of Pennsylvania 47 A.2d 445.* 1946.
rbb24, ≫Urteil gegen Ku'damm-Raser wegen versuchten Mordes ist rechtskräftig≪. *rbb Abendschau,* 25/01/2021.
Alton Ochsner, ≫My First Recognition of the Relationship of Smoking and Lung Cancer≪. *Preventive Medicine Vol. 2.* 1973. S. 611-614.

9 弁護側弁論

Fjodor Dostojewskij, *Verbrechen und Strafe.* Frankfurt a. M. 1996. S. 701 f.
Aldous Huxley, *Schöne neue Welt.* Frankfurt a. M. 1974. S. 30.

Women≪. *American Journal of Epidemiology Vol. 188(1).* 2019. S. 102–109.
Statista, ≫Percentage of disposable income spent online in selected countries in February 2012≪. *Statista.com.* 2012.

7 暴力・戦争・紛争　第5の現場

Mexico Daily News, ≫19 bodies left on boulevard in Uruapan, Michoacan, as gang war flares≪. *Mexico Daily News,* 08/08/2019.
Michael Deibert, *In the Shadow of Saint Death: The Gulf Cartel and the Price of America's Drug War in Mexico.* Guilford 2015. S. 135 f.
Franz Viohl, ≫Mexico's bloody fight over avocados≪. *DW News,* 03/03/2020.
Africanews, ≫Eighteen workers killed in Niger mine collapse≪. https://www.africanews.com/2021/11/09/eighteen-workers-killed-in-nigermine-collapse/ [Letzter Zugriff: 29. 08. 2022].
Pete Pattisson et al., ≫Revealed: 6 500 migrant workers have died in Qatar since World Cup awarded≪. *TheGuardian.org,* 23/02/2021.
Nicolas Berman et al., ≫This Mine is Mine! How Minerals Fuel Conflicts in Africa≪. *The American Economic Review Vol. 107(6).* 2017. S. 1564–1610.
ACLED, ≫Dashboard≪. *Acleddata.com.* 2022.
Zachary Wagner et al., ≫Armed conflict and child mortality in Africa: a geospatial analysis≪. *The Lancet Vol. 392(1050).* 2018. S. 857–865.
Vally Koubi, ≫Climate Change and Conflict≪. *Annual Review of Political Science Vol. 22.* 2019. S. 343–360.
Dennis Mares & Kenneth Moffett, ≫Climate change and interpersonal violence: a global estimate and regional inequities≪. *Climatic Change Vol. 135(2).* 2016. S. 297–310.
United Nations Office on Drugs and Crime, ≫Global Study on Homicide – 2019 Edition≪. *UNODC.* 2019.
Marshall Burke et al., ≫Warming increases the risk of civil war in Africa≪. *Proceedings of the National Academy of Sciences, Vol. 106 (49).* 2009, S. 20670–20674.
Marshall Burke et al., ≫Climate and Conflict≪. *Annual Review of Economics Vol. 7.* 2015. S. 577–617.
Elizabeth Lung et al., ≫Social Isolation, Loneliness, and Violence Exposure in Urban Adults≪. *Health Affairs Vol. 38(10).* 2019.
Margaret Cooke & Jeffrey Goldstein, ≫Social isolation and violent behavior≪. *Forensic Reports Vol. 2(4).* 1989. S. 287–294.
Focus Online, ≫Millionen aus Deutschland für Putins ›Kriegskasse‹? Habeck wiederspricht ARD-Mann deutlich≪.
Volker Quaschning, ≫Putins Krieg und unser Öl und Gas≪. *klimareporter. de,* 02/03/2022.
Statistisches Bundesamt, ≫Fakten zum Ausenhandel mit Russland≪. *Pressemitteilung Nr. N 010.*
Aleksey Maltsev, ≫What's the cost of war for Russia, and what could be done with this money?≪ *Geneva Solutions,* 04/05/2022.
Tanisha Rajput, ≫Ukraine war: Russia shells out $ 900 million a day over ›special military

36(5). 2021. S. 621–626.
Dan Latu, ≫Worker allegedly texted ›Amazon won't let us leave‹ before he was killed in tornado≪. *Daily Dot,* 13/12/2021.
Global Slavery Index, ≫GSI 2018 Download≪. *Global Slavery Index.* 2018.
Frank Pega et al., ≫Global, regional, and national burdens of ischemic heart disease and stroke attributable to exposure to long working hours for 194 countries, 2000–2016: A systematic analysis from the WHO/ILO Joint Estimates of the Work-related Burden of Disease and Injury≪, *Environment International, Vol. 154,* S. 1–15.
British Heart Foundation, ≫Facts and Figures≪. *BHF.org.uk.* 2022.
Werner Enz, ≫Martin Senn wählt den Freitod≪. *NZZ,* 30/05/2016.
Noelia Trujillo, ≫18 of the Most Dangerous Jobs Around the World≪. *Readers Digest,* 26/07/2021.
Alistair MacDonald et al., ≫The Hidden Deaths of Mining≪. *Wall Street Journal,* 31/12/2019.

6 匿名消費と孤独　第4の現場

Murasaki Shikibu, *Die Geschichte vom Prinzen Genji.* Zürich 2014.
Tess de la Mare et al., ≫Girl saw social media posts ›too disturbing for police‹ before taking her own life≪. *Mirror,* 26/09/2020.
Jamie Harris, ≫Psychiatrists call for social networks to hand over data amid suicide concerns≪. *Yahoo Finance,* 17/01/2020.
Julianne Holt-Lunstad et al., ≫Social Relationships and Mortality Risk: a Meta-Analytic Review≪. *PLoS Med. Vol. 7(7).* 2010. S. 1–20.
Splendid Research, ≫Wie einsam fühlen sich die Deutschen?≪. *Splendid Research.* 2019.
Keith Oatley, ≫A feeling for fiction≪. *Greater Good Magazine,* 01/09/2005.
Sarvada Tiwari, ≫Loneliness: A disease?≪. *Indian Psychiatry Vol. 55(5).* 2013. S. 320–322.
Shogo Toyama & Hemant Poudyal, ≫Prevalence of kodokushi (solitary deaths) in the Tokyo metropolitan area≪. *SN Social Sciences Vol. 1.* 2021.
Soprano, ≫Mon precieux≪. *Songtexte.com.* 2021.
Dalia Ramirez, ≫AI ChatBot has made 660 million best friends≪. *Medium,* 01/08/2020.
Mauro de Gennaro et al., ≫Effectiveness of an empathetic chatbot in combating adverse effects of social exclusion on mood≪. *Frontiers in Psychology Vol. 10.* 2020. S. 1–14.
Gilly Dosovitsky, ≫Bonding With Bot: User Feedback on a Chatbot for Social Isolation≪. *Frontiers in Digital Health Vol. 3.* 2021. S. 1–11.
Jacqui Taylor-Jackson, ≫The relationship between social media use and factors relating to depression≪. In: Ahmed Moustafa (Hrsg.), *The Nature of Depression.* London 2021.
Amazon, ≫Herzlichkeit ist das beste Geschenk≪. *Amazon YouTube Channel,* 08/11/2021.
Paul Haggis & Boby Moresco, ≫Crash Screenplay≪. *Bob Yari Productions.* 2004.
Bianca Bosker, ≫The Binge Breaker: Tristan Harris believes Silicon Valley is addicting us to our phones. He's determined to make it stop≪. *The Atlantic November 2016 Issue.* 2016.
MSCI, ≫MSCI World Factsheet≪. *MSCI Index Factsheets.* 2022.
WHO, ≫Physical Inactivity≪. *The Global Health Observatory – WHO.* 2022.
Kassandra Alcaraz et al., ≫Social Isolation and Mortality in US Black and White Men and

Bart Koelmans, zitiert in XioaZhi Lim, ≫Microplastics are everywhere – but are they harmful?≪. *Nature News Feature,* 04/05/2021.

Anthony Boardman et al., ≫The Social Cost of Informal Electronic Waste Processing in Southern China≪. *Administrative Sciences Vol. 10(1).* 2020. S. 1–21.

György Varga et al., ≫Saharan Dust and Gian Quartz Particle Transport towards Iceland≪. *Scientific Reports Vol. 11.* 2021. S. 1–12.

Federioc Karagulian et al., ≫Contributions to cities' ambient particulate matter (PM): A systematic review of local source contributions at global level≪. *Atmospheric Environment Vol. 120.* 2015. S. 475–483.

European Environment Agency, ≫Europe's Air Quality Status 2022≪. *EEA.* 2022.

European Environment Agency, ≫Air Pollution: How it Affects our Health≪. *EEA.* 2022.

Netherlands Environment Agency, ≫Cities in Europe≪. *NEA.* 2016.

UN Environment, ≫Global Environment Outlook – GEO-6: Healthy Planet, Healthy People≪. *UN Environment.* 2019.

Mari Williams et al., ≫No Time to Waste≪. *A report by Tearfund, Fauna & Flora International (FFI), WasteAid and The Institute of Development Studies (IDS).* 2019.

Susan Anenberg et al., ≫A global snapshot of the air pollution-related health impact of transport sector emissions in 2010 and 2015≪. *International Council on Clean Transportation / Climate and Clean Air Coalition.* 2019.

Guillaume Chossiere et al., ≫Public health impacts of excess NOx emissions from Volkswagen diesel passenger vehicles in Germany≪. *Environmental Research Letters Vol. 12.* S. 1–15.

Statista, ≫Where EU Air Pollution Kills the Most People≪. *Statista.com.* 2018.

Otto von Bismarck, *Briefe.* Hrsg. Hans Rothfels. Göttingen 1970. S. 87.

5 労働関連死　第3の現場

Elizabeth Day, ≫Moritz Erhardt: the tragic death of a City intern≪. *The Observer,* 05/10/2013.

Florian Hamann, ≫Erstes Interview: Moritz Erhardts Vater erzählt vom Tod seines Sohnes und beschuldigt die britische Regierung≪. *Efinancial Careers,* 07/10/2013.

Maev Kennedy, ≫Bank intern Moritz Erhardt died from epileptic seizure, inquest told≪. *The Guardian,* 22/11/2013.

Joanna Rothkopf, ≫Goldman Sachs reduces intern day to 17 hours after death of Bank of America Corp. intern≪. *Salon,* 18/06/2015.

Jonathan Timm, ≫The Plight of the Overworked Nonprofit Employee≪. *The Atlantic August 2016 Edition.* 2016.

Henry David Thoreau, ≫Walden≪. In: Anton Zanker (Hrsg.), *Henry David Thoreau Gesammelte Texte: Die Welt und Ich.* Gutersloh 2021. S. 37.

International Labour Organization, ≫Summary of Work-Related Mortality≪. *ILO.org.*

WHO/ILO, ≫WHO/ILO Joint Estimates of the Work-related Burden of Disease and Injury, 2000–2016≪. *ILO.org.* 2021.

Erin Smith et al., ≫Health Trends among 9/11 Responders from 2011–2021: A Review of World Trade Center Health Program Statistics≪. *Prehospital and Disaster Medicine Vol.*

Antonio Gasparrini et al., ≫Projections of temperature-related excess mortality under climate change scenarios≪. *The Lancet Planetary Health Vol. 1.* 2017. S. 360–367.
Daniel Bressler, ≫The Mortality Cost of Carbon≪. *Nature Communications Vol. 12.* 2021.
Bramka Arga Jafino et al., ≫Revised Estimates of the Impact of Climate Change on Poverty by 2030≪. *World Bank Research Working Paper 9417.* 2020.
Richard Parncutt, ≫The Human Cost of Anthropogenic Global Warming: Semi-Quantitative Prediction and the 1,000-Tonne Rule≪. *Frontiers in Psychology Vol. 10.* 2019.
Statistisches Bundesamt, ≫Lebenserwartung in Deutschland seit Beginn der Pandemie gesunken≪. *Destatis.de.* 2022.
Tagesschau, ≫Atmen wir das Klima kaputt?≪. *Tagesschau,* 11/10/2019.
Umweltbundesamt, ≫Meine CO2-Bilanz≪. *Uba.co2-rechner.de.*
Umweltbundesamt, ≫Treibhausgas-Emissionen in Deutschland≪. *Umweltbundesamt.de.*
BAT, ≫BAT 2020 ESG Report≪. *BAT.* 2021.
BAT, ≫BAT 2021 ESG Report≪. *BAT.* 2022.
Florian Berg et al., ≫Aggregate Confusion: The Divergence of ESG Ratings≪. *Review of Finance.* 2022.
Statista, ≫Cigarette Volume of British American Tobacco by Region≪. *Statista.com.* 2022.
WHO, ≫Tobacco Factsheet≪. *WHO Factsheets.* 2022.
Tobacco Atlas, ≫Product Atlas≪. *Tobacco Atlas.* 2022.
Climate Accountability Institute, ≫Carbon Majors≪. *Climate Accountability Institute.* 2020.
Our World in Data, ≫Who has Contributed Most to Global CO2 Emissions≪. 2022.
Daniel Yergin, *The Prize: The Epic Quest for Oil, Money & Power.* New York 1990.
GHG Protocol, ≫GHG Protocol Corporate Standard Revised≪. *GHG Protocol.* 2015.
Railways Pension Scheme, ≫2021 Annual Report and Audited Financial Statements≪. *Railways Pension Scheme.* 2022.
Railpen, ≫Net Zero Plan≪. *RPMI.* 2021.
Statista, ≫Distribution of oil demand in the OECD in 2020, by sector≪. *Statista.com.* 2022.

4 廃棄物汚染　第2の現場

Nassim Nicholas Taleb, *Antifragile: Things that Gain from Disorder.* New York 2013.
BBC, ≫Ella Kissi-Debrah death: Family ›didn't know about toxic air‹≪. *BBC News,* 07/12/2020.
Thomson Reuters Foundation, ≫Coroner urges UK to clean up toxic air after London girl's death≪. *Thomson Reuters Foundation.* 21/04/2021.
Undark, ≫Special Project: Breathtaking – The Weight of Numbers: Air Pollution and PM2.5≪. *Undark.org.* 2018.
The Guardian, ≫Microplastics cause damage to human cells, study shows≪. *The Guardian,* 08/12/2021.
Emily Elhacham et al., ≫Global human-made mass exceeds all living biomass≪. *Nature Vol. 588.* 2020. S. 442–457
Damian Carrington, ≫Bottle-fed babies swallow millions of microplastics a day, study finds≪. *The Guardian,* 19/10/2020.

Historiesofcolour.com, 16/03/2021.
Alexander Koch et al., ≫Earth System Impacts of the European Arrival and Great Dying in the Americas after 1492≪. *Quaternary Science Reviews Vol. 207.* 2019. S. 13–36.
C Kemeson & S A Glantz, ≫How the tobacco industry built its relationship with Hollywood≪. *Tobacco Control Vol. 11. 2002. S. 81–91.*
Todd Heatheron & James Sargent, ≫Does Watching Smoking in Movies Promote Teenage Smoking?≪. *Curr Dir Pyschol Sci. Vol. 18(2).* 2009. S. 63–67.
Natalie Wolchover, ≫Can a Butterfly in Brazil Really Cause a Tornado in Texas?≪. *Live Science,* 13/12/2011.
Edward Lorenz, ≫Predictability: Does the Flap of a Butterfly's Wings in Brazil Set Off a Tornado in Texas≪. *Presented before the American Association for the Advancement of Science, December 29, 1972.*
Farnam Street, ≫The Butterfly Effect: Everything You Need to Know About This Powerful Mental Model≪. 2022.
James Gleick, *Chaos: Making a New Science.* New York: Penguin Books. 2008.
Imada, Y., H. Kawase, H. Watanabe, H. Shiogama, and M. Arai, ≫The July 2018 high temperature event in Japan could not have happened without human-induced global warming≪. *SOLA Vol. 15A.* 2019. S. 8–12.
Robert F. Kennedy, ≫Day of Affirmation Address, University of Capetown, Capetown, South Africa, June 6, 1966≪.
Timothy Brook et al., Death by a Thousand Cuts. Cambridge: Harvard University Press. 2008.
Jakob Thomä et al., ≫A Taxonomy of Climate Accounting Principles for Financial Portfolios≪. *Sustainability Vol. 10.* 2018. S. 1–18.
Amartya Sen, *The Idea of Justice.* Cambridge: Harvard University Press. 2011.
William Shakespeare, ≫Hamlet≪. In: Anselm Schlösser (Hrsg.), *William Shakespeare: Sämtliche Werke, Band 4.* Berlin: Aufbau Verlag. 1994. S. 382.

3 炭素排出と気候危機　第1の現場

The Mainichi, ≫6-year-old boy dies from heatstroke after field study≪. *Mainich.jp,* 28/07/2018.
EOS, ≫The First Undeniable Climate Change Deaths≪. *EOS.* 18/08/2020.
Quartz, ≫A 1912 news article ominously forecasted the catastrophic effects of fossil fuels on climate change≪. *Quartz.* 24/10/2016.
NASA, ≫10 Interesting Things About Air≪. *NASA.* 12/09/2016.
QI Zhao et al., ≫Global, regional, and national burden of mortality associated with non-optimal ambient temperatures from 2000 to 2019: a three-stage modelling study≪. *The Lancet Planetary Health Vol. 5.* 2021. S. 415–425.
Tamma Carleton et al., ≫Valuing the Global Mortality Consequences of Climate Change Accounting for Adaptation Costs and Benefits≪. *University of Chicago, Becker Friedman Institute for Economics Working Paper No. 2018–51.* 2018.
Jakob Thomä et al., ≫The Value of Life: What would climate policies look like if they mirrored the COVID-19 response≪. *2° Investing Initiative Working Paper.* 2022.

William Shakespeare, ≫Wie es euch gefällt≪. In: Anselm Schlösser (Hrsg.), *William Shakespeare: Sämtliche Werke. Band 1.* Berlin 1994. S. 673.
Jean-Francois Lyotard, *Das postmoderne Wissen.* Wien 1996. S. 14.

2 キルスコアを科学する

Tamma Carleton et al., ≫Valuing the Global Mortality Consequences of Climate Change Accounting for Adaptation Costs and Benefits≪. *University of Chicago, Becker Friedman Institute for Economics Working Paper No. 2018–51.* 2018.
Jakob Thomä et al., ≫The Value of Life: What would climate policies look like if they mirrored the COVID-19 response≪. *2° Investing Initiative Working Paper.* 2022.
Antonio Gasparrini et al., ≫Projections of temperature-related excess mortality under climate change scenarios≪. *The Lancet Planetary Health Vol. 1.* 2017. S. 360–367.
Daniel Bressler, ≫The Mortality Cost of Carbon≪. *Nature Communications Vol. 12.* 2021.
Richard Fuller et al., ≫Pollution and Health: A Progress Update≪.*The Planetary Planet Health Vol. 6.* 2022. S. 535–547.
Mari Williams et al., ≫No Time to Waste≪. *A report by Tearfund, Fauna & Flora International (FFI), WasteAid and The Institute of Development Studies (IDS).* 2019.
P. Hämäläinen et al, ≫Global Estimates of Occupational Accidents and Work- related Illnesses 2017≪. *XXI World Congress on Safety and Health at Work, Singapore, Workplace Safety and Health Institute.* 2017.
International Labour Organization, ≫Summary of Work-Related Mortality≪. ILO.org.
WHO/ILO, ≫WHO/ILO Joint Estimates of the Work-related Burden of Disease and Injury, 2000–2016≪. *ILO.org.* 2022.
Carl Friedrich von Weizsäcker, *Der Garten des Menschlichen: Beiträge zur geschichtlichen Anthropologie.* München 1992.
Splendid Research, ≫Wie einsam fühlen sich die Deutschen?≪. *Splendid Research.* 2019.
Julianne Holt-Lunstad et al., ≫Social Relationships and Mortality Risk: a Meta-Analytic Review≪. *PLoS Med. Vol. 7(7).* 2010. S. 1–20.
William Shakespeare, ≫Hamlet≪. In: Anselm Schlösser (Hrsg.), *William Shakespeare: Sämtliche Werke.* Band 4. Berlin 1994. S. 290 und 382.
Antimicrobial Resistance Collaborators, ≫Global Burden of Bacterial Antimicrobial Resistance in 2019: A Systematic Analysis.≪ *The Lancet Vol. 399.* 2022. S. 629–655.
Statista, ≫Zahl der Einwohner der Weimarer Republik (Deutsches Reich) in den Jahren 1919, 1925 und 1933≪. *De.statista.com.*
Matthew White, ≫Historical Atlas of the 20th Century: Necrometrics≪. http://necrometrics.com/index.htm.
Office for National Statistics, ≫UK Population Estimates 1851 to 2014≪. *Ons.gov.uk.* 2015.
Gideon Polya, ≫Britain Robbed India Of $ 45 Trillion & Thence 1.8 Billion Indians Died From Deprivation≪. *countercurrents.org.*
Randeep Ramesh, ≫India's secret history: ›A holocaust, one where millions disappeared …‹ ≪. *The Guardian,* 24/08/2007.
Charissa Chew, ≫The British Raj: The atrocities of British Colonial Rule in India≪.

Bänden. Band 2. München 1954. S. 165–166.
Isaiah Berlin, ≫Zwei Freiheitsbegriffe≪. In: Julian Nida-Rümelin et al. (Hrsg.), *Ethische und politische Freiheit.* Berlin 1998. S. 144.

1 キルスコアに至る道のり

NBC News, ≫Florida radio and Newsmax host who opposed Covid vaccine dies of Covid complications≪. *Nbcnews.com,* 08/08/2021.
Statistisches Bundesamt, ≫Sterbefälle – Fallzahlen nach Tagen, Wochen, Monaten, Altersgruppen, Geschlecht und Bundesländern für Deutschland 2016–2022≪. *Destatis.de.* 2022.
Office for National Statistics UK, ≫Avoidable mortality in Great Britain: 2019≪. Ons.gov.uk. (2020年はコロナ禍のため古いデータを参照)
U. S. Department of Health and Human Services, Centers for Disease Control and Prevention, National Center for Chronic Disease Prevention and Health Promotion, Office on Smoking and Health, *The Health Consequences of Smoking – 50 Years of Progress: A Report of the Surgeon General.* Atlanta (Georgia), USA, 2014.
Robert Koch-Institut, ≫Übergewicht und Adipositas≪. *Rki.de.* 2022.
G. B. M. Mensink et al., ≫Übergewicht und Adipositas in Deutschland: Ergebnisse der Studie zur Gesundheit Erwachsener in Deutschland≪.*Bundesgesundheitsblatt 2013 Vol. 56.* S. 786–794.
David Ludwig, *Always Hungry? Conquer Cravings, Retrain your Fat Cells, and Lose Weight Permanently.* New York 2018.
Taylor Miranda, ≫Daily Sugar Intake≪. *Los Angeles Institute.* 2022.
Gitanjali Singh et al., ≫Estimated Global, Regional, and National Disease Burdens Related to Sugar-Sweetened Beverage Consumption in 2010≪. *Circulation Vol. 132(8).* S. 639–666.
IHME, ≫Global Burden of Disease – 2019≪. *The Lancet GBD Special Issue.* 2020.
Statista, ≫Anzahl der Toten im 20. Jahrhundert nach ausgewählten Todesursachen≪. *De.statista.com.*
Anne Case & Angus Deaton, *Deaths of Despair and the Future of Capitalism.* Princeton 2021.
Steven Pinker, *Gewalt: Eine neue Geschichte der Menschheit.* Berlin 2011.
Ralph Waldo Emerson, *Essays.* Zürich 1983. S. 138.
Thomas Carlyle, *On Heroes, Hero-Worship & the Heroic in History: Six Lectures.* London 1841. S. 1.
History Today, ≫Is there Still Value in ›Great Man‹ History?≪. *Historytoday.com.* 2019.
Diarmaid MacCulloch, *Thomas Cromwell: A Revolutionary Life.* London 2018.
Bertolt Brecht, *Poetry and Pose.* London 2003. S. 62.
Leo Tolstoi, *Krieg und Frieden.* Darmstadt 1989. S. 828.
Change.org, ≫Tony Blair to have his ›Knight Companion of the Most Noble Order of the Garte‹ rescinded≪. *Change.org.* 2022.
Hannah Arendt, ≫Collective Responsibility≪. In: dies., *Responsibility and Judgment.* New York 2003. S. 147–158, hier S. 147.
Gustave Le Bon, *Psychologie der Massen.* Stuttgart 1982. S. 16.

参考文献

Eugeni d'Ors, *La Vie de Goya.* Paris 1928. S. 41.

George Gordon Noel Lord Byron, ≫Manfred≪. In: Joseph Hilscher (Hrsg.), *Dichtungen: Originale und Übersetzungen aus Byron, Moore, Goldsmith, Southey, Waller, Lamartine, Ariosto, Foscolo.* Budapest 1840. S. 114.

プロローグ

Sahra Wagenknecht, *Die Selbstgerechten: Mein Gegenprogramm – für Gemeinsinn und Zusammenhalt.* Frankfurt a. M. 2021.

Walter Benjamin, zitiert in: Theodor W. Adorno, *Negative Dialektik.* Frankfurt a. M. 1975. S. 9.

Commerzbank, ≫Partner der Climate Bonds Initiative≪. *Commerzbank.de.*

Bundesfinanzministerium, ≫Grüne Bundeswertpapiere: Die grüne Renditekurve für mehr Nachhaltigkeit im Finanzmarkt≪. *Bundesfinanzministerium.de.*

2° Investing Initiative, ≫Infomaterial≪. *Meinfairmoegen.de.*

Frederick Fabian et al., ≫Swipe Left: Warum es bei nachhaltigen Finanzprodukten keine Matches gibt≪. *2° Investing Initiative.* Berlin 2020.

Damian Carrington, ≫Why the Guardian is changing the language it uses about the environment≪. *Theguardian.com.*

350.org, ≫History≪. *350.org.*

James Hansen et al., ≫Target atmospheric CO2: Where should humanity aim?≪. *Open Atmospheric Science Journal Vol. 2.* 2008. S. 217–231.

Umweltbundesamt, ≫Meine CO2-Bilanz≪. *Uba.co2-rechner.de.*

Umweltbundesamt, ≫Treibhausgas-Emissionen in Deutschland≪.*Umweltbundesamt.de.*

TransitionMonitor, ≫Paris Agreement Capital Transition Assessment≪. *Transitionmonitor.com.*

Richard Parncutt, ≫Death Penalty for Global Warming Deniers≪.*Umwelt-watchblog.de.* 2012.

Richard Parncutt, ≫The Human Cost of Anthropogenic Global Warming: Semi-Quantitative Prediction and the 1,000-Tonne Rule≪. *Frontiers in Psychology Vol. 10.* 2019.

Der Standard, ≫Disziplinarverfahren gegen Grazer Professor nach Todesstrafe-Forderung≪. *Derstandard.at,* 14/01/2013.

Daniel Bressler, ≫The Mortality Cost of Carbon≪. *Nature Communications Vol. 12.* 2021.

The Ocean Conference, ≫Factsheet: Marine Pollution≪. *Sustainabledevelopment.un.org.*

J. K. Rowling, *Harry Potter und der Stein der Weisen.* Hamburg 1998. S. 194.

Judith Thomson, ≫Killing, Letting Die, and the Trolley Problem≪. *Monist: An International Quarterly Journal of General Philosophical Inquiry Vol. 59.* 1976. S. 204–217.

Michael Sandel, ≫Trolley Cart Dilemma≪. *Audience Debate – Harvard.* 2016. https://www.youtube.com/watch?v=TSH-m5GtrzE.

Leo Tolstoi, *Anna Karenina.* München 2015. S. 7.

Friedrich Nietzsche, ≫Die fröhliche Wissenschaft≪. In: Friedrich Nietzsche, *Werke in drei*

著者

ヤコブ・トーメ

Jakob Thomä

1989年ベルリン生まれ。パリ、ベルリンを拠点とする独立系非営利金融シンクタンク、2°インベストメント・イニシアチブ(2DII)の共同創設者。ロンドン大学SOAS(東洋アジア研究学院)特任教授。日本の金融庁、イングランド銀行、ドイツ連邦銀行など各国中央銀行、EU機関のアドバイザーを歴任。金融システムのグリーン化のための世界的研究ネットワークINSPIREの諮問委員会メンバー。持続可能な金融ビジネス・政策の専門家として、Forbesドイツ誌の「30アンダー30(世界を変える30歳未満の30人)」に選ばれたほか、国際会議での講演も多数。ロンドン大学卒業後、北京大学で修士号を、フランス国立工芸院で博士号を取得。
https://2degrees-investing.org/

訳者

鈴木素子

Motoko Suzuki

埼玉大学教養学部卒。訳書に『クリーンミート 培養肉が世界を変える』(日経BP)、『ノマド 漂流する高齢労働者たち』(春秋社)、『GET UP! 座りっぱなしが死を招く』(KADOKAWA)、『ファストファッション クローゼットの中の憂鬱』(春秋社)、『HYGGE バツ2アラフィフこじらせキャリアウーマンの人生再生物語』(大和書房)など多数。

ザ・キルスコア

資本主義とサステナビリティーのジレンマ

2023年6月19日　第1版1刷

著者	ヤコブ・トーメ
訳者	鈴木素子
翻訳協力	リベル
編集	尾崎憲和　川端麻里子　小林恵
装丁	小口翔平＋奈良岡菜摘＋青山風音（tobufune）
発行者	滝山晋
発行	株式会社日経ナショナル ジオグラフィック 〒105-8308 東京都港区虎ノ門4-3-12
発売	株式会社日経BPマーケティング
印刷・製本	日経印刷

ISBN 978-4-86313-585-7
Printed in Japan

乱丁・落丁本のお取替えは、こちらまでご連絡ください。
https://nkbp.jp/ngbook

本書はドイツKlett-Cotta社の書籍『Der Kill Score』を、英訳より翻訳したものです。

内容については原著者の見解に基づいています。